LE
PARRICIDE

DRAME EN CINQ ACTES ET SEPT TABLEAUX

PAR

M. ADOLPHE BELOT

Joué pour la première fois, à l'Ambigu-Comique, le 6 octobre 1873.

PARIS

E. DENTU, ÉDITEUR

LIBRAIRE DE LA SOCIÉTÉ DES AUTEURS ET COMPOSITEURS DRAMATIQUES
ET DE LA SOCIÉTÉ DES GENS DE LETTRES
PALAIS-ROYAL, 17 ET 19, GALERIE D'ORLÉANS

1874

LE PARRICIDE

Le drame : *Le Parricide*, a été tiré des deux romans suivants, écrits en collaboration, par MM :

ADOLPHE BELOT et JULES DAUTIN.

LE PARRICIDE, 1 vol. in-18, chez DENTU.

DACOLARD ET LUBIN, 1 vol. in-18, chez DENTU.

———————

Poissy. — Typ. S. LEJAY ET CIE.

LE
PARRICIDE

DRAME EN CINQ ACTES ET SEPT TABLEAUX

PAR

M. ADOLPHE BELOT

Joué pour la première fois, à l'Ambigu-Comique, le 6 octobre 1873.

PARIS

E. DENTU, ÉDITEUR

LIBRAIRE DE LA SOCIÉTÉ DES AUTEURS ET COMPOSITEURS DRAMATIQUES

ET DE LA SOCIÉTÉ DES GENS DE LETTRES

PALAIS-ROYAL, 17 ET 19, GALERIE D'ORLÉANS

—

1874

PERSONNAGES

ROULE	MM. Lacressonnière.
LAURENT DALISSIER	René Didier.
DAGOLARD	Henry Vannoy.
LUBIN	Libert.
EMERY SUCHAPT	Montbars.
Me GLAVON, avocat	Faille.
M. SUCHAPT	A. Brelet.
TORIN, agent de police	Hodin.
THURIER, commissaire de police	Abel Brun.
LE DOCTEUR CERISIER	Henri Roze.
REGIMBAULT	Léon Noel.
BICHAT, garçon de bureau	Desjardins.
PLANCHUT, AGÉNOR } saltimbanques	{ Bordet. Anatole.
GARÇON DE CAFÉ	Avisse.
JEAN, domestique	Druelle.
UN AGENT	Peronno.
PULCHERIE	Mmes Vannoy.
MADAME DALISSIER	Thaïs Petit.
EMILIENNE	Jeanne Marie.
MADAME SUCHAPT	Ribeaucourt.
MARIETTE, bonne de madame Dalissier	Renée d'Arzac.
MADAME DE SERRY, MADAME THÉRUZOT, MADAME LALAIN } Invitées chez Suchapt	{ Oppenheim. Marion. Bury.
BELLE-ÉTOILE, FILLE-DE-L'AIR } saltimbanques	{ Aurlanc. Mathilde.

AGENTS DE POLICE, SALTIMBANQUES, INVITÉS, CONSOMMATEURS

LE PARRICIDE

ACTE PREMIER

Premier Tableau

Un petit salon dans un appartement au rez-de-chaussée, rue Cardinet, aux Batignolles. Au fond, porte vitrée donnant de plain-pied dans un jardin. Au premier plan, à droite, porte conduisant dans la chambre de madame Dalissier ; à gauche, même plan, porte conduisant chez Pulchérie. A gauche, au second plan, porte d'entrée. Ameublement modeste et de vieille forme ; beaucoup d'ordre, appartement très-bien tenu. Jardin très-riant, beaucoup de fleurs.

SCÈNE PREMIÈRE

PULCHÉRIE, MADAME DALISSIER.

Au lever du rideau, Pulchérie, assise près d'un guéridon, brode.
Madame Dalissier est dans un fauteuil.

MADAME DALISSIER.

Sept heures et demie... et M. Glavon ne vient pas... Vous êtes bien sûre, Pulchérie, que mon billet lui a été porté ce matin ?

PULCHÉRIE.

Oui, madame, Mariette m'a assuré le lui avoir donné à lui-même...

MADAME DALISSIER.

C'est étonnant... M. Glavon met d'ordinaire tant d'empressement à se rendre à mon appel... Il est si bon pour moi.

PULCHÉRIE.

Il a sans doute eu à plaider quelque grosse affaire.

MADAME DALISSIER.

Les audiences sont finies maintenant et il doit être rentré chez lui.

PULCHÉRIE.

Peut-être croit-il que cela n'est pas pressé...

MADAME DALISSIER.

Oh! non... je lui dis qu'il faut absolument que je le voie ce soir... J'ai presque envie d'aller le trouver... cela me fera du bien de prendre un peu l'air... je reste trop enfermée... Le mouvement me distraira peut-être de mes tristes pensées... (Se levant.) Allons! je me décide.

PULCHÉRIE.

Voulez-vous que je vous accompagne, madame?

MADAME DALISSIER.

Non, merci. Si je me croisais avec M. Glavon, il faut que quelqu'un lui explique que je suis allée chez lui et le prie de m'attendre... Vous vous chargerez de ce soin, n'est-ce pas, mon enfant?

PULCHÉRIE.

Certainement, madame.

MADAME DALISSIER.

Mais j'y songe... vous aviez peut-être l'intention de retourner ce soir chez vous... J'abuse, en vérité, de votre complaisance.

PULCHÉRIE.

Oh! madame, à moins que je ne vous gêne...

MADAME DALISSIER.

Nullement... c'est un scrupule, voilà tout... Vous êtes entrée chez moi comme ouvrière, et...

PULCHÉRIE.

J'ai été heureuse de vous être utile, madame, et la sympathie que vous avez bien voulu me témoigner m'a largement indemnisée de mes peines.

MADAME DALISSIER.

Alors, mon enfant, restez tant que vous voudrez.
(Montrant la porte à gauche.) Cette chambre est libre... et j'avoue que je suis heureuse lorsqu'on veut bien l'habiter... Je
n'ai pas grand'peur des voleurs, mais nous sommes au rezde-chaussée, sur un jardin... et dans ce coin isolé des Batignolles, rue Cardinet, au milieu de tous ces terrains
vagues...

MARIETTE, au dehors.

Oui, monsieur, madame est chez elle, je crois qu'elle attend monsieur.

PULCHÉRIE, à madame Dalissier.

M. Glavon. Ah ! cela vous évitera de sortir, j'en suis heureuse. (La porte s'ouvre ; M. Glavon paraît introduit par Mariette.)

MADAME DALISSIER, vite et bas à Pulchérie.

Oui, c'est lui. Veuillez nous laisser, mon enfant, ou plutôt
apportez-nous une lampe, car on y voit à peine. (Pulchérie sort
par la chambre de madame Dalissier, Mariette s'éloigne, M. Glavon entre.)

SCÈNE II

MAITRE GLAVON, MADAME DALISSIER.

MADAME DALISSIER, allant vivement à M. Glavon
dont elle serre la main.

Dire que je commençais à ne plus compter sur votre visite. (M. Glavon descend avec Mme Dalissier, la fait asseoir sur le fauteuil et s'assied devant elle.)

GLAVON.

Vous doutiez de moi, c'est ma faute... j'aurais dû venir
plus tôt.

MADAME DALISSIER.

Oh ! le pouviez-vous ?... Et ne dois-je pas vous remercier
mille fois de l'intérêt que vous me témoignez... Quand je

songe que je n'y ai aucun titre, que je ne suis pas votre parente, que vous vous occupez depuis quinze ans de mes intérêts sans même accepter d'honoraires... Ah! vraiment, monsieur, je vous suis bien reconnaissante.

GLAVON.

Laissez donc cela et parlons de vos affaires... Eh bien! je me suis conformé à vos désirs... J'ai vendu les valeurs que vous m'aviez confiées, et je vous en apporte le montant. Dix mille et quelques cents francs... les voici.

MADAME DALISSIER.

Merci.

GLAVON.

Est-ce que vous allez encore donner cet argent à votre fils?

MADAME DALISSIER.

Il le faut bien... il en a vraiment besoin... Ah! ce n'est pas votre avis, je le sais.

GLAVON.

Non... je vous ai toujours dit que vos complaisances engageaient de plus en plus Laurent dans les désordres où il se perd. Il vous arrachera jusqu'à vos dernières ressources, et la fin de tout ceci sera, pour tous deux, dans un temps fort rapproché, la misère et le désespoir... Voilà mon sentiment... il n'a jamais varié.

MADAME DALISSIER.

Je ne l'ai pas oublié! non plus que vos recommandations... J'aurais eu la force de les suivre, croyez-le bien, si je n'entrevoyais un abîme plus profond que celui que vous me signalez. (Elle se lève et passe devant le guéridon.)

GLAVON.

Comment? (Tous deux à l'avant-scène.)

MADAME DALISSIER.

Oui... je dois enfin vous avouer cette crainte... La misère, je puis l'affronter... mais la honte...

GLAVON.

La honte... Que dites-vous?

MADAME DALISSIER.

Rappelez-vous son père !... Vous habitiez comme nous Grenoble, à cette époque et vous m'avez aidée dans mon malheur... Lui aussi, son père, était criblé de dettes... perdu de débauches !... Je le savais, et nous vivions séparés, sous le même toit. Cependant, depuis quelques jours, il semblait vouloir se rapprocher de moi. Enfin, un soir, il m'avoue ses fautes, il les déplore amèrement, et il ajoute qu'il est perdu si je ne lui viens en aide... Il s'agissait d'engager ma signature, de sacrifier ma fortune, le pain de mon enfant... de mon enfant qui dormait là, tout près, dans son berceau. Je refusai... prières, menaces, brutalités même, rien n'y fit. Je demeurai inflexible... Ah ! quelle scène !... Elle me revient après vingt ans comme un remords... Car, désespéré de ne rien obtenir, il s'éloigna en murmurant d'une voix sombre : « C'est bien ! cela suffit !... » Le lendemain il faisait des faux, et, trois mois après, il fuyait précipitamment, et se réfugiait en Italie.

GLAVON.

Oui, nous avons été assez heureux pour apaiser les créanciers et enrayer les poursuites criminelles.

MADAME DALISSIER.

Triste résultat ! Sans doute son nom... celui de son fils, n'a pas été flétri par la justice... Mais lui..., qu'est-il devenu ?

GLAVON.

Je croyais qu'il était mort quelques mois après dans un hôpital... à Turin...

MADAME DALISSIER.

C'était un faux bruit... Tandis qu'on le croyait mourant à Turin, il était à l'autre extrémité de l'Italie, où, sous un nom de guerre : Cruzzini...

GLAVON.

Cruzzini !... Il me semble connaître ce nom.

MADAME DALISSIER.

Il est assez honteusement célèbre ; les journaux l'ont assez de fois répété dans le temps.

GLAVON.

Cruzzini... mais, je me rappelle... C'est le nom d'un bandit fameux qui désolait, il y a douze ou quinze ans, les environs de Naples... Eh bien ?

MADAME DALISSIER.

C'est lui !...

GLAVON.

Ah ! pauvre femme !... Et depuis, qu'est-il devenu ?

MADAME DALISSIER.

Il y a sept ou huit ans qu'on n'entend plus parler de lui.

GLAVON.

Il aura été tué dans quelque rencontre.

MADAME DALISSIER.

C'est probable !

GLAVON.

Quelle existence !... Que de larmes ce malheureux vous a fait verser.

MADAME DALISSIER.

Vous me pardonnez d'avoir réveillé ces souvenirs devant vous ; mais ils vous expliquent ma conduite à l'égard de mon fils.

GLAVON.

Je ne vois plus quel rapport...

MADAME DALISSIER.

Je vous ai dit comment son père, autrefois, m'avait quittée furieux, désespéré de mes refus. Eh bien ! cette scène, il m'a semblé qu'elle se renouvelait il y a quatre jours, quand Laurent est venu me demander ces dix mille francs. J'avais commencé par lui refuser sèchement, mais, tout à coup, en le voyant sombre et désolé, quand il me dit que son existence était brisée, perdue, si je le repoussais, j'ai tressailli, j'ai cru voir son père... Vous savez combien il lui ressemble !...

C'était sa voix, son regard, son attitude... Alors, égarée, hors de moi... qu'ai-je dit, qu'ai-je promis?... Je ne sais au juste... Mais un instant après, il était dans mes bras, essuyant mes larmes sous ses baisers.

GLAVON.

Je comprends... Ainsi vous êtes sous l'empire d'une crainte vague, instinctive, superstitieuse... car rien, Dieu merci, n'indique chez votre fils...

MADAME DALISSIER.

Oh! non, non! C'est une nature droite... un cœur honnête... généreux.

GLAVON.

Eh bien, madame, il faut vaincre vos terreurs... il faut dans l'intérêt de votre fils, savoir résister à ses demandes incessantes d'argent... Il faut qu'il comprenne le besoin de travailler... Il se révoltera d'abord, il gémira... mais il finira par se résigner... Il vous aime, d'ailleurs.

MADAME DALISSIER.

Oh! oui,.. il m'aime!... Au milieu de ses égarements... son cœur ne m'a jamais manqué... et la joie qu'il verra briller dans mes yeux... s'il se résigne à vivre sagement, le soutiendra. (Pulchérie entre à droite avec une lampe.)

GLAVON.

Sans doute. Reste à savoir seulement si cette affection filiale sera un contre-poids suffisant à une autre passion...

MADAME DALISSIER.

Une autre passion... (Pulchérie qui a placé la lampe sur la cheminée à droite et qui s'apprêtait à l'allumer, s'arrête et écoute.)

GLAVON.

Oui, je le sais maintenant, si votre fils persiste à vivre dans un monde dont ses modestes ressources semblaient devoir lui interdire l'accès, c'est uniquement parce qu'il s'est épris de la fille d'un riche industriel, M. Suchapt... un de mes clients qui est quatre ou cinq fois millionnaire.

MADAME DALISSIER.

Mais c'est insensé !... que peut-il espérer ?

GLAVON.

Rien... Suchapt a d'autres projets pour sa fille, et cet amour ne peut-être que malheureux... Il faut que votre fils finisse par le comprendre et qu'il y renonce.

MADAME DALISSIER.

C'est évident... il a trop de bon sens pour s'acharner après une chimère qui le perdrait.

(Pulchérie allume la lampe et s'avance comme si elle venait du dehors.)

GLAVON, marchant vers la porte de gauche.

Causez avec lui à ce sujet... et, croyez-moi, ne lui donnez plus d'argent... C'est l'encourager à ne rien faire... C'est l'encourager surtout à vivre dans une société dangereuse pour lui... Me promettez-vous de suivre mon avis ? (A la porte.)

MADAME DALISSIER.

Je ferai tout mon possible.

GLAVON.

Sachez lui résister, je vous assure qu'il s'agit de son intérêt.

MADAME DALISSIER.

Oh ! alors, je résisterai...

GLAVON.

Allons, j'emporte cette promesse... (Lui tendant la main.) Adieu... il se fait tard, et j'ai beaucoup à travailler ce soir... Bon courage, votre fils vous reviendra bientôt, j'ai grand espoir en lui. (Il sort accompagné par madame Dalissier.)

SCÈNE III

PULCHÉRIE, MADAME DALISSIER.

PULCHÉRIE, redescendant la scène et posant la lampe sur la table, s'asseyant et reprenant son travail.

Je comprends maintenant... Une jeune fille belle, coquette,

élégante... Tandis que moi... Ah ! malheureuse... malheureuse !

MADAME DALISSIER, *revenant de gauche.*

Vous travaillez encore, mon enfant... Vous allez vous rendre malade.

PULCHÉRIE.

Non, madame... non... je désire terminer cet ouvrage.

MADAME DALISSIER, *comme à elle-même.*

Il faut que je réfléchisse à tout ce que m'a dit M. Glavon... Il faut que je m'arme de courage pour lui résister demain, quand il viendra. (*Elle rentre dans sa chambre à droite.*)

SCÈNE IV

PULCHÉRIE, puis LAURENT et MARIETTE.

PULCHÉRIE, *seule, assise et travaillant.*

C'est infâme!... Et moi qui me faisais encore l'illusion de me croire aimée... Moi qui me disais qu'il ne pouvait m'avoir abandonnée...

MARIETTE, *à la porte de droite à Laurent.*

Non, monsieur... je ne crois pas que madame soit déjà couchée.

LAURENT.

Tant mieux... Oh ! tant mieux...

PULCHÉRIE.

Lui... Ce soir ! (*Laurent entre, Mariette ferme la porte.*)

SCÈNE V

PULCHÉRIE, LAURENT.

LAURENT, *allant à Pulchérie.*

Ma mère est chez elle?

PULCHÉRIE.

Oui, elle vient de rentrer.

LAURENT.

Je vais la rejoindre.

PULCHÉRIE, lui barrant le passage.

Non... pas avant de m'avoir parlé.

LAURENT.

Je suis pressé.

PULCHÉRIE.

Moi aussi.

LAURENT.

Que voulez-vous ?

PULCHÉRIE.

Pourquoi ne vous vois-je plus ?

LAURENT.

Parce que vous n'êtes plus chez vous.

PULCHÉRIE.

Je suis ici... il vous est encore plus facile de me voir...

LAURENT.

Non... Votre place n'est pas dans cette maison... je vous l'ai déjà dit... je dois respecter la demeure de ma mère... et ce n'est pas la respecter que...

PULCHÉRIE.

Ah ! si tu m'aimais encore, t'arrêterais-tu à cette considération ?

LAURENT.

Certes... (Il descend.) Dès le jour où vous m'avez annoncé votre intention de vous présenter ici comme ouvrière, comme demoiselle de compagnie... je vous ai suppliée de n'en rien faire... Vous avez passé outre... Eh bien ! j'aurais peut-être dû avouer à ma mère nos relations, lui donner à juger si elle pourrait vous garder auprès d'elle... Je n'ai pas osé... j'ai craint de vous blesser... Mais vous ne sauriez exiger que je vous parle... que je vous traite comme par le passé... Dans cette maison, vous êtes une étrangère pour moi.

PULCHÉRIE, qui a passé au-dessus du guéridon.

Et si je retournais dans ce modeste logement où tu passais

ton temps autrefois, ne serais-je plus une étrangère? Tu ne réponds pas... Tu n'oses pas... Allons, trève d'hypocrisie, Laurent Dalissier... tu as trouvé ce prétexte pour me témoigner ta froideur, voilà tout... Mais le véritable motif de cette froideur, je vais te le dire, moi!... Tu ne m'aimes plus et tu en aimes une autre.

LAURENT.

Une autre ?

PULCHÉRIE.

La fille du banquier Suchapt...

LAURENT.

Qui te l'a dit ?

PULCHÉRIE.

Voilà ta seule réponse... tu n'essaies même pas de nier... tu n'essaies pas de me convaincre de mon erreur... tu ne crains pas de me désespérer.

LAURENT.

Pulchérie... plus bas, de grâce... ma mère est à côté.

PULCHÉRIE.

Eh ! que m'importe!... Ah! elle peut connaître maintenant les liens qui nous unissaient ou plutôt qui nous ont unis... elle peut me chasser... Ne partirai-je pas de moi-même dès demain... Qu'ai-je à faire ici... puisque tu n'y viens plus... puisque tu ne m'aimes plus... (Elle éclate en sanglots et tombe sur un siège.)

LAURENT remonte au-dessus du guéridon gauche.

Voyons, Pulchérie... tu te fais du mal sans raison... Je t'assure...

PULCHÉRIE.

Sans raison... dis-tu vrai?... sans raison... est-ce que je me suis trompée? Est-ce que M. Glavon qui parlait tout à l'heure de ton amour pour mademoiselle Suchapt a commis quelque erreur? Est-ce que tu ne songes pas à épouser cette jeune fille?

LAURENT.

Moi l'épouser... non !

PULCHÉRIE.

Tu ne l'aimes pas?

LAURENT.

Je ne puis pas l'aimer... laisse-moi donc... (Il veut passer.)

PULCHÉRIE, toujours assise lui tient les mains.

Reste encore... reste un instant... ces dernières paroles m'ont fait du bien... j'essaie d'y croire... J'essaie de me persuader que tu ne les a pas dites pour me rassurer... Alors, si tu ne l'aimes pas, tu m'aimes encore?

LAURENT.

Mais sans doute... sans doute...

PULCHÉRIE, le fait tourner sans lui quitter la main.

Tu ne peux pas avoir oublié tes protestations d'amitié d'autrefois.. tes promesses. (Pulchérie lui lâche les mains)... Oh! je ne parle pas de mariage... que m'importe le mariage si tu m'aimes... Mais tu m'as promis de vivre avec moi, de ne jamais me quitter... Que veux-tu que je devienne sans toi? Ma famille a refusé de me voir, depuis le jour où l'ayant connu, j'ai cessé de me bien conduire,.. Je suis seule au monde. Ne m'abandonne pas... que deviendrais-je? Je ne gêne pas ta vie, moi, je ne suis pas embarrassante... Je ne te ruinerai jamais, je veux même ne rien te coûter... Je gagne trente ou quarante sous par jour; cela me suffit pour vivre... Mes toilettes, je les fais moi-même... mes plaisirs... je n'en connais pas d'autre que de te voir.

LAURENT, lui serrant les mains.

Ma bonne Pulchérie...

PULCHÉRIE.

Ah! tu m'es rendu... Alors permets-moi de rester ici... j'ai tant de bonheur à servir ta mère, à l'entendre parfois me parler de toi, à la soigner lorsqu'elle est malade... Il me semble que je suis avec toi... il me semble que la pensée me suit... ne me retire pas ce bonheur.

LAURENT.

Reste, mon Dieu, reste... je n'ai pas le courage de te renvoyer.

PULCHÉRIE.

Merci... merci...

LAURENT.

Mais tu m'as fait oublier qu'il faut que je voie ma mère ce soir même.

PULCHÉRIE.

Il est bien tard... Elle doit s'être couchée... elle dort peut-être... crois-tu devoir la réveiller ?

LAURENT.

Non, non... et cependant j'avais tant besoin de lui parler.

PULCHÉRIE, à part.

Pauvre garçon !... Il ne sait pas qu'on va lui refuser l'argent sur lequel il compte.

LAURENT.

Enfin, j'attendrai jusqu'à demain.

PULCHÉRIE.

Non... j'entends du bruit dans sa chambre... elle ne s'est pas couchée.

LAURENT.

Ah !... alors je vais...

PULCHÉRIE.

Elle vient... elle a entendu ta voix ou elle t'a deviné comme je te devine... nous t'aimons tant toutes deux.

LAURENT.

Laisse-moi avec elle, veux-tu ?

PULCHÉRIE, passe à gauche.

Oui... oui... je comprends... tu as à l'entretenir d'affaires... (Se dirigeant vers sa chambre tandis que madame Dalissier entre à droite.) Je me retire dans ma chambre... tu ne me retrouveras plus lorsque tu quitteras ta mère... tu le vois, je suis raisonnable... je me rends à tes désirs, mais je te verrai demain chez moi, n'est-ce pas ?... tu me le promets ?

LAURENT.

Oui... oui... je te le promets...

PULCHÉRIE, sortant.

Adieu ! Adieu ! à demain. (En s'en allant elle marche en arrière pas à pas et rentre dans sa chambre.)

SCÈNE VI

LAURENT, MADAME DALISSIER.

MADAME DALISSIER, à Laurent qui vient de l'embrasser ; ils descendent devant le guéridon.

Je ne t'attendais pas aujourd'hui, Laurent.

LAURENT.

Je le sais, ma mère... je ne devais venir que demain... mais j'ai pensé...

MADAME DALISSIER.

Que j'aurais déjà la somme que tu m'avais demandée... et que tu pourrais la prendre dès ce soir.

LAURENT.

Ecoute, mère... ne me parle pas ainsi... Une partie de cet argent, je ne te l'ai pas caché, est destinée à payer mes dettes de jeu... Oh! pas de reproches. J'ai juré de ne plus jouer... J'espérais faire attendre mon créancier quelques jours... Mais je l'ai rencontré aujourd'hui... il a été dur avec moi, presque impoli, et il m'a fait comprendre qu'il voulait être payé ce soir même. Alors, que veux-tu?... Après avoir inutilement cherché toute la journée la somme dont j'avais besoin, j'ai été forcé de me résoudre à venir te la demander.

MADAME DALISSIER, avec effort.

Je ne puis pas te la remettre, Laurent.

LAURENT.

Ah! tu n'as pas vendu ces valeurs?

MADAME DALISSIER.

Si, je les ai vendues.

LAURENT.

Mais tu n'en as pas encore touché le prix?

MADAME DALISSIER.

J'ai touché.

LAURENT.

Alors, c'est que tu me refuses?... Cependant tu m'avais promis.

MADAME DALISSIER.

Je t'ai dit que je verrais...

LAURENT.

Non ! rappelle-toi donc, chère mère... c'était convenu.

MADAME DALISSIER.

Eh bien ! que veux-tu ? Moi aussi, j'ai fait des réflexions... un peu différentes des tiennes... Ce que tu me demandes est impossible.

LAURENT.

Impossible!... allons ! il est écrit que j'entendrai jusqu'au bout cet horrible mot. (Il s'assied avec accablement, sur le siége près de la table à ouvrage.)

MADAME DALISSIER, monte.

Et pourquoi ne le prononcerais-je pas à mon tour ? Pourquoi serais-je plus complaisante que les autres? Ah ! je ne l'ai été que trop complaisante jusqu'à présent et j'ai presque autorisé tes désordres par ma faiblesse... Mais à la fin, j'ai compris mon devoir, et quelque pénible qu'il soit, je le remplirai.

LAURENT.

Tu as vu M. Glavon?

MADAME DALISSIER.

Oui... pourquoi ?

LAURENT.

Parce que tu peux te dispenser de rien ajouter... je devine ce qu'il t'a dit. (Il se lève et passe au-dessus du guéridon.)

MADAME DALISSIER.

N'a-t-il pas raison ?

LAURENT.

Non... il a tort... C'est avec ces idées-là, qu'on perd tout... Mais ne récriminons pas, je t'en prie, cela ne servirait à rien. Ton parti est pris ? Eh bien, laissons cela, et supposons que je ne sois pas venu. (Il se dirige vers la porte de gauche.)

MADAME DALISSIER.

Tu me quittes ?

LAURENT.

Que veux-tu que je fasse? Je n'ai plus qu'à te demander pardon des contrariétés que je te cause.

MADAME DALISSIER.

Comme il me dit cela! Et où vas-tu aller en sortant d'ici?... Tu as quelque projet... je veux le savoir.

LAURENT.

Tu serais plus avancée que moi si tu le savais... Je suis désolé, voilà tout... je sens que tout est perdu pour moi s'il ne me vient pas une inspiration.

MADAME DALISSIER.

Bonne ou mauvaise?

LAURENT.

La meilleure possible... Mais encore une fois, laissons cela, je ferai comme je pourrai... adieu...

MADAME DALISSIER, à part.

Oh! son père! (Le retenant après un instant de silence.) Laurent, tu as donc bien besoin de cet argent?

LAURENT.

Oh! oui, ma mère... bien besoin...

MADAME DALISSIER.

D'abord, pour payer tes dettes, ensuite pour continuer à vivre dans la société où tu t'es fait recevoir... chez ce banquier... auprès de sa fille...

LAURENT.

Oh! à toi aussi, on a dit...

MADAME DALISSIER.

N'as-tu donc pas songé à la distance qui te sépare de cette jeune fille... elle est riche... elle a un brillant avenir et elle ne peut que rire de tes espérances.

LAURENT, posant son chapeau sur le guéridon.

Oh! mère... tu ne la connais pas... si tu la voyais!... Tu te figures quelque coquette... Non! c'est la bonté, le charme...

MADAME DALISSIER.

Mais sa famille rêve sans aucun doute pour elle un brillant avenir.

LAURENT.

Elle n'a plus sa mère... quant à son père, il s'est remarié et ne s'occupe plus d'elle.

MADAME DALISSIER.

En ce moment peut-être... Mais si tu arrivais à former des projets sérieux, si on te devinait, on saurait bien vite la détacher de toi... en te présentant comme un intrigant vulgaire, plus épris de sa fortune que de sa beauté.

LAURENT.

Jamais elle ne le croirait... elle sait bien que mon affection pour elle est pure et désintéressée... Ah! pourquoi n'est-elle pas d'une condition humble, précaire, malheureuse... comme je travaillerais... comme je me dévouerais.

MADAME DALISSIER.

Allons, c'est plus sérieux encore que je ne supposais... je chercherais vainement à dissiper ton illusion... je ne puis que te plaindre... Eh bien! que la destinée s'accomplisse donc.

LAURENT.

Ma mère !

MADAME DALISSIER.

Il te faut absolument de l'argent pour vivre dans ce monde que tu as choisi... Si je ne t'en donne pas... tu joueras... tu... (Lui tendant une clef.) Prends donc cette clef... là... dans ma chambre... ouvre le secrétaire... tu y trouveras un petit portefeuille. (Elle passe, va à la table à ouvrage, et s'assied.)

LAURENT, au premier plan vers la gauche.

Mais... ma mère...

MADAME DALISSIER.

Ah! c'est que ces demandes incessantes d'argent me fatiguent, ces scènes me brisent, je ne veux pas qu'elles se renouvellent. Je vais te donner une procuration générale... tu vendras, tu disposeras à ton gré.

LAURENT.

Que dis-tu ?

MADAME DALISSIER.

Je ne te demanderai même pas de me réserver de quoi
vivre... Je travaillerai... je gagnerai mon pain...

LAURENT, posant vivement la clef sur le guéridon.

Ah ! par exemple !

MADAME DALISSIER.

Tu refuses ?

LAURENT.

Parbleu !...

MADAME DALISSIER.

Mais...

LAURENT, la rejoignant.

Non !... Plus un mot, je t'en prie... Adieu !

MADAME DALISSIER, le retenant.

Laurent ! Je ne veux pas que tu t'en ailles. Reste ! Vas-tu
me quitter ainsi, malheureux ? dans l'état où tu me vois...
Mais tu n'as donc pas de pitié ?...

LAURENT.

Tu pleures... toi ! Je te fais pleurer... Ah ! je suis un misérable !... (Tombant à ses pieds.) Et je te demande pardon (prenant ses mains et les couvrant de baisers). Ma mère !... ma mère
adorée !... Regarde-moi... dis-moi que tu me pardonnes !...
dis-moi que tu m'aimes toujours malgré mes fautes.

MADAME DALISSIER.

Si je t'aime... Il demande si je l'aime.

LAURENT, agenouillé auprès de sa mère.

Ma mère ! ma mère ! Ah ! c'est bon de pleurer ainsi à tes
genoux... Je me sens meilleur, je me sens plus fort. Ah !
merci ! merci d'avoir fait luire la vérité devant moi... Oui,
il faut que cette situation cesse. Ce serait bientôt la ruine,
le désespoir, peut-être la mort ! Le courage qui m'a manqué
jusqu'ici, je l'aurai ; je ne veux plus rien devoir qu'à mon
travail ; je ne veux pas te ruiner... t'obliger à travailler,
toi... y penses-tu ? Mais j'en mourrais de honte et de chagrin !... Je m'entendrai avec mes créanciers, je les paierai
plus tard, comme je pourrai... mais de toi, rien !... plus

rien que des baisers. (*Ils s'embrassent très-longuement.*) Adieu!...
Adieu!...

MADAME DALISSIER.

A demain... (*Madame Dalissier se lève et accompagne Laurent vers la porte d'entrée à gauche, il sort vivement en lui envoyant des baisers.*)

SCÈNE VII

MADAME DALISSIER, puis PULCHÉRIE.

MADAME DALISSIER, descendant et appelant.

Pulchérie... Pulchérie... Elle dort sans doute... (*Pulchérie entre.*) Je rentre dans ma chambre, je suis fatiguée... Vous veillerez, n'est-ce pas, à ce que tout soit fermé avant de vous coucher.

PULCHÉRIE.

Oui, madame.

MADAME DALISSIER, s'éloignant, à droite.

Ah! je suis bien heureuse... j'ai retrouvé mon fils! (*Elle sort.*)

PULCHÉRIE, allant à la fenêtre du fond.

Tiens, c'est singulier, on dirait qu'on marche dans le jardin. (*Elle regarde au dehors.*) Non! je suis folle. (*Elle ferme, puis se dirige vers la porte de gauche.*) Allons! c'est la dernière nuit que je passe ici. J'ai promis à Laurent qu'il ne me retrouverait plus chez sa mère, je tiendrai ma promesse. (*Elle sort.*) La scène reste entièrement vide pendant une minute ; tout à coup au milieu de l'obscurité et du silence, on entend un cri.

Voix de MADAME DALISSIER.

Au secours; au secours, à moi! Pulchérie, Pulchérie!

SCÈNE VIII

PULCHÉRIE. (*Elle ouvre vivement la porte de gauche et entre en scène*).

PULCHÉRIE.

Qu'y a-t-il?...

Voix de MADAME DALISSIER. (A gauche.)

Au secours ! au secours !

PULCHÉRIE.

C'est elle, c'est elle !... on la tue...

Voix de MADAME DALISSIER, plus faible.

Au secours !

PULCHÉRIE, reculant jusqu'au guéridon.

J'ai peur... j'ai peur... (Nouveau cri encore plus faible.) Ah ! tant pis, je lui porterai secours. (Elle s'élance, ouvre la porte, puis disparaît une seconde. On entend un cri déchirant et on la voit reparaître terrifiée, toute couverte de sang, chancelante, éperdue.) Ah ! ah ! il m'a frappée aussi ! Le misérable ! Je meurs ! (Elle tombe évanouie à droite, soit sur le canapé, soit par terre auprès du guéridon.)

Deuxième Tableau

Même décor qu'au tableau précédent, les persiennes et la porte vitrée du fond sont ouvertes. Il fait grand jour. Le jardin est désert, deux agents de police le gardent et empêchent d'y entrer. Un autre agent est placé devant la porte de gauche et contient des curieux qu'on entend s'agiter et parler.

SCÈNE PREMIÈRE

ROULE, TORIN, Agents de police.

ROULE, assis devant la table du milieu, à Torin qui sort de la chambre de droite.

Eh bien ?

TORIN.

Il n'y a pas de trace d'effraction. Quant aux vitres, elles n'ont pas été brisées... une simple pesée a dû suffire pour passer du jardin dans la chambre. Rien de plus facile, je viens d'en faire l'expérience... la croisée fermait très-mal.

ROULE.

Comment l'assassin connaissait-il ce détail ?

TORIN.

Oh! le crime a été commis par quelqu'un au fait des habitudes de la maison. C'est évident.

ROULE.

Rien n'est encore évident, il n'y a que des probabilités.

TORIN.

Songez, M. Roule, que nous n'avons remarqué aucun désordre dans la chambre de la victime, l'assassin a dû marcher directement vers le secrétaire, lorsque madame Dalissier effrayée par le bruit a sans doute appelé au secours... Chaque chose est restée à sa place, aucun meuble n'est tombé. (Bruit.)

ROULE.

C'est vrai. (On entend du bruit à gauche. S'adressant à l'agent qui est au fond.) Faites donc taire tous ces braillards. On ne s'entend pas ici.

TORIN.

A l'extérieur, nous avons fait les mêmes remarques ; le meurtrier après avoir franchi le mur du jardin avec une grande facilité, car les dégradations sont presque insignifiantes, s'est avancé vers le maison sans hésiter, sans chercher son chemin.

ROULE.

A-t-on pris des mesures pour que personne ne puisse pénétrer dans le jardin ?

TORIN.

Oui, monsieur, toutes les issues sont gardées et pour plus de précautions, j'ait fait poser des planchettes sur chacune des empreintes de pas trouvées dans les plates-bandes et les allées.

2

ROULE.

Très-bien. (On entend des rumeurs à gauche.) Toujours du bruit, c'est insupportable. On ne peut donc pas venir à bout de tous ces gens-là?

TORIN.

J'ai fait mettre à la porte les simples curieux, mais il y a au moins dix reporters de journaux qui savent que M. l'Inspecteur est ici et qui demandent à lui parler pour avoir des nouvelles.

ROULE.

Oh! me parler, je n'ai pas le temps, mais donnez-leur toutes les nouvelles qu'ils désirent, parbleu! Si vous ne leur en donnez pas, ils en inventeront peut-être de nuisibles à mes intérêts. Nous ne pouvons pas étouffer la presse, n'est-ce pas? Eh bien, dirigeons-la. (Pendant que Torin s'éloigne par le fond, apercevant Cerisier qui entre à droite.) Ah! le docteur! Approchez, docteur, approchez.

SCÈNE II

ROULE, CERISIER, puis TORIN.

ROULE.

Eh bien?

LE DOCTEUR.

Monsieur l'inspecteur, il m'est impossible de me livrer à aucune constatation en présence de ce malheureux jeune homme qui pleure, qui crie, qui se roule avec désespoir sur le cadavre de sa mère... C'est navrant... Je ne peux pourtant pas la lui arracher des bras.

ROULE.

Non; laissons ce premier accès se calmer. (Il fait asseoir le docteur et s'assied lui-même.) D'autant plus que vous avez pu nous donner le seul renseignement utile pour l'instruction toute sommaire que je fais en ce moment : les blessures reçues

par madame Dalissier et par Pulchérie sont absolument sem-
blables, avez-vous dit ?

LE DOCTEUR.

Absolument; elles ne sont pas aussi profondes l'une que
l'autre, voilà tout...

ROULE.

La même arme doit avoir servi à frapper les deux
femmes ?

LE DOCTEUR.

C'est certain.

ROULE.

Et vous continuez de croire qu'un couteau ordinaire ne
peut avoir fait cela ?

LE DOCTEUR.

Non. La plaie de madame Dalissier est coupée au milieu
comme par l'arête d'une lance.

ROULE.

Ne serait-ce pas un trois-quarts ?

LE DOCTEUR.

Pas davantage. Je crois pouvoir affirmer que c'est un
poignard.

TORIN, qui vient de s'avancer venant du fond.

Alors nous n'avons pas affaire à un repris de justice ha-
bituel, ces messieurs ne connaissent pas le poignard.

ROULE.

L'état de Pulchérie paraît-il s'améliorer ?

LE DOCTEUR.

Oui... je ne le considère pas comme très-grave et avant
une heure... grâce à mes soins, vous pourrez l'interroger.
(Il se lève.)

ROULE, se lève.

Je vous en serai très-reconnaissant, docteur. Torin,
faites entrer, je vous prie, la femme de ménage Mariette. (Se
retournant vers Cerisier.) Docteur, il y a là, à côté, une foule de
journalistes... Allez donc leur donner votre nom et votre
adresse... Ils s'empresseront de les reproduire et demain

vous serez célèbre en France et à l'étranger. (Le docteur sort
par la porte de gauche pan coupé. — Torin remonte. — Roule le rappelle,
il descend à sa gauche. — De la chambre de Pulchérie.) Avancez
donc. Vous avez eu le temps de vous remettre de vos émotions. (Après avoir parlé bas à Torin, tandis que Mariette s'avance.)
Allez, c'est très-important. (A l'agent qui était au fond.) Terrigny,
veuillez prendre ma place à cette table. (Torin s'éloigne, l'agent
s'assied à la table et Roule s'assied à droite du guéridon.)

SCÈNE III

ROULE, MARIETTE.

ROULE, à Mariette qui se tient devant lui.
A quelle heure êtes-vous arrivée ici ce matin?

MARIETTE.
A sept heures, suivant mon habitude, monsieur.

ROULE.
Vous n'avez, en entrant, rien remarqué de particulier?
La porte était fermée comme de coutume?

MARIETTE.
Oui, monsieur, je l'ai ouverte avec la clef que j'emportais
tous les soirs. Je suis entrée dans ma cuisine et j'ai allumé
le feu pour apprêter le premier déjeuner de madame Dalissier. Puis, au bout de quelques instants, je me suis éton-
née de ne pas entendre mademoiselle Pulchérie qui avait dû
coucher dans la maison et qui est très-matinale, j'ai pénétré
ici et j'ai...

ROULE.
N'allons pas si vite. Ce salon était dans l'obscurité lorsque
vous y êtes entrée?

MARIETTE.
Oui, monsieur. Cette porte vitrée qui donne dans le jardin
était fermée, ainsi que les persiennes.

ROULE.
Vous avez ouvert et c'est alors...

MARIETTE, portant son mouchoir à ses yeux.

C'est alors que j'ai aperçu mademoiselle Pulchérie étendue...

ROULE.

Où donc ?

MARIETTE.

Là, près de cette porte... le sang coulait sur ses vêtements, j'ai eu peur et j'ai appelé : Au secours ! au secours !

ROULE.

Bien... je sais le reste... Les voisins sont arrivés... on a relevé Pulchérie qui respirait encore ; on s'est précipité dans la chambre de madame Dalissier et on l'a trouvée morte.

MARIETTE.

Hélas ! oui, monsieur.

ROULE, à l'Agent qui est assis.

Prenez note de tous ces détails ; ils serviront à M. le juge d'instruction. (A Mariette.) Maintenant parlez-nous de la soirée d'hier. A quelle heure avez-vous quitté cette maison ?

MARIETTE.

Vers dix heures.

ROULE.

Vous avez laissé madame Dalissier seule avec Pulchérie ?

MARIETTE.

Non, monsieur ; mademoiselle Pulchérie s'était retirée dans sa chambre ; madame Dalissier était avec son fils.

ROULE.

Ah ! depuis combien de temps ?

MARIETTE.

Depuis une demi-heure environ.

ROULE, se levant.

Je ne puis interroger en ce moment ce jeune homme ; il est dans un tel état de douleur ! Mais les voisins l'ont-ils vu repartir ?

MARIETTE.

Oui, monsieur ; madame Félaudat, la mercière, en fer-

2.

mant son magasin, l'a vu sortir vers onze heures environ...
il paraissait très-agité !

ROULE.

Agité... et pourquoi?

MARIETTE.

Ah ! c'est qu'il venait encore d'avoir une querelle avec
sa mère.

ROULE.

Vous les avez entendus se quereller ?

MARIETTE.

Oui, monsieur. M. Laurent demandait de l'argent... madame Dalissier en refusait..., et puis il parlait de ses dettes
de jeu... d'un amour pour une demoiselle... je n'ai pas entendu le nom parce que, vous comprenez, je ne suis pas fille
à écouter aux portes.

ROULE.

On le voit... Il menait donc une existence dissipée, ce
jeune homme?

MARIETTE.

Oh ! oui, monsieur ! depuis un an, il avait donné dans le
travers... c'est à peine s'il venait voir sa mère.

ROULE.

Vous l'avez vu cependant ces jours passés ?

MARIETTE.

Oui, monsieur... et cette fois, comme j'entrais... par hasard... dans le salon, je l'ai surpris disant à madame qu'il
lui fallait absolument dix mille francs..., et un instant après
j'ai entendu...

ROULE.

Toujours par hasard ?

MARIETTE.

Toujours par hasard... madame Dalissier les lui promettre.

ROULE.

Alors il venait sans doute les chercher hier soir ?

MARIETTE.

Oui, monsieur... et il fallait qu'il fût bien pressé, car madame ne l'attendait que ce matin ; elle m'avait même dit de lui faire à déjeuner. (*Portant son mouchoir à ses yeux.*) Pauvre femme ! (*Elle remonte vers la porte de la chambre de madame Dalissier.*)

ROULE.

Vous pleurerez tout à l'heure. Suivant vous, madame Dalissier n'aurait pas remis cet argent à son fils ?

MARIETTE.

Non, elle le lui a refusé.

ROULE.

Elle ne l'avait peut-être pas ?

MARIETTE.

Oh ! si ; M. Glavon a dû le lui apporter dans la soirée.

ROULE.

Maître Glavon, l'avocat ?

MARIETTE.

Oui, monsieur.

ROULE.

Il est venu ici, hier soir ?

MARIETTE.

Oui, monsieur.

ROULE, à l'Agent.

Écrivez, écrivez. C'est très-important. (*A Mariette.*) Et vous n'avez rien surpris dans la conversation de maître Glavon et de madame Dalissier ?

MARIETTE.

Non, monsieur... j'ai seulement entendu M. Glavon qui disait en s'en allant à madame : « De la fermeté... de la fermeté... je vous en supplie... coupez-lui les vivres... il travaillera. » (*Torin paraît au fond du jardin et fait des signes à Roule.*)

SCÈNE IV

ROULE, MARIETTE, L'AGENT, TORIN.

TORIN.

Monsieur l'Inspecteur ?

ROULE.

Que voulez-vous, Torin ? (Mariette va s'appuyer à l'angle de la cheminée et regarde dans la chambre de madame Dalissier.)

TORIN.

Vous dire un mot, monsieur Roule.

ROULE, rejoignant au fond Torin.

Qu'est-ce ?

TORIN.

Ces empreintes de pas que vous m'avez ordonné d'examiner sont des plus étranges.

ROULE.

Qu'entendez-vous par là ?

TORIN.

Le pied est petit, étroit, la botte fine et élégante, le talon élevé... l'assassin appartient évidemment à un certain monde.

ROULE.

Oh ! oh ! n'allons pas si vite. Ce pied n'est peut-être pas le sien. N'avons-nous pas remarqué ce matin en arrivant d'autres empreintes très-légères comme celles d'un homme qui aurait marché sur la pointe des pieds... ce sont les secondes sans doute qui appartiennent à l'assassin.

TORIN.

Et les premières, à qui ?

ROULE.

A Laurent Dalissier, par exemple, qui a pu se promener hier dans le jardin de sa mère... Il vous est facile de vous en assurer. (Il lui parle bas.)

TORIN, après l'avoir écouté.

Parfaitement. (Il s'éloigne à droite.)

SCÈNE V

ROULE, MARIETTE.

ROULE.

Dites-moi, Mariette?

MARIETTE.

Monsieur.

ROULE.

Dans quelle pièce de l'appartement, madame Dalissier a-t-elle reçu hier son fils?

MARIETTE.

Dans celle-ci, monsieur.

ROULE.

Pour y entrer, n'a-t-il pas eu à traverser le jardin?

MARIETTE.

Oh! non, monsieur.

ROULE.

Sa mère l'a-t-elle reçu tout de suite?

MARIETTE.

Non, monsieur, il a trouvé ici mademoiselle Pulchérie et il a causé avec elle.

ROULE.

Il connaît donc beaucoup cette demoiselle?... Voyons, répondez; ne craignez rien.

MARIETTE.

Oui, monsieur, je sais qu'ils se connaissent beaucoup... trop peut-être.

ROULE, à part.

Une maîtresse! dans le domicile de sa mère; décidément ce garçon est un peu intéressant. (A Mariette.) Madame Dalissier a tardé quelque temps à se rendre ici, son fils après s'être entretenu avec mademoiselle Pulchérie ne serait-il pas allé faire un tour dans le jardin?

MARIETTE.

Oh! non, monsieur, j'en suis sûre, j'ai vu madame Dalis-

sier entrer lorsque M. Laurent causait encore avec mademoiselle Pulchérie.

ROULE.

Mais vous n'étiez pas là lorsqu'il est parti, il est sans doute
sorti par le jardin ? N'existe-t-il pas une porte qui donne
accès de ce jardin dans la rue ?

MARIETTE.

Oui, monsieur, mais elle est condamnée depuis longtemps,
et puis, je vous l'ai déjà dit, monsieur, madame Félaudat la
mercière, a vu M. Laurent sortir à onze heures par l'allée de
la maison.

ROULE.

C'est juste... M. Glavon qui, avez-vous dit, est venu ici
dans la soirée, n'est-il pas entré dans le jardin ?

MARIETTE.

Non, monsieur, il était pressé ; c'est moi qui l'ai introduit
et qui l'ai éclairé lorsqu'il est ressorti.

ROULE.

Ces empreintes de pas peuvent être, à la rigueur, plus
anciennes.

MARIETTE, vivement.

Non, monsieur, il faut qu'elles aient été faites hier soir,
car j'ai ratissé le jardin dans la matinée.

ROULE.

Ah ! vous l'avez ratissé en entier ? (Il se lève.)

MARIETTE.

Oui, monsieur, en entier... le ménage de madame Dalissier
était si peu de chose que j'avais toujours du temps de reste,
et puis je savais lui faire plaisir à la chère dame... elle
aimait tant que son parc, comme elle l'appelait en riant, fût
bien tenu. (Elle porte son mouchoir à ses yeux.)

ROULE, la prenant et la faisant descendre.

Ainsi, personne n'est entré dans le jardin après vous ?

MARIETTE.

Personne, monsieur, que l'assassin pendant la nuit, et les
pas que l'on a trouvés sont les siens.

ROULE.

C'est bien, vous pouvez vous retirer, mais ne quittez pas
la maison... (Il s'avance vers Torin qui vient d'entrer. Mariette sort
à gauche.)

SCÈNE VI

ROULE, TORIN.

TORIN, à Roule.

C'est i-den-ti-que-ment semblable.

ROULE.

Vraiment !... Alors cette fille se trompe. Laurent Dalissier
s'est promené dans le jardin de sa mère... Qu'est-ce que
cela ?

TORIN.

Un bouton de manchette qu'un de mes hommes vient de
trouver au bas du mur où a dû se faire l'escalade.

ROULE, examinant le bouton.

Un bouton très-élégant, ayant une certaine valeur, un véritable bijou... Mais il est tout éraillé.

TORIN.

Par la muraille, contre laquelle il a été heurté au moment
de l'escalade. Je viens de constater sur le plâtre les traces
qu'il a laissées.

ROULE.

Il appartient évidemment au meurtrier. (Se promenant avec
une certaine agitation.) C'est étrange ! (S'arrêtant.) Voyons, peut-
on enfin interroger ce jeune homme, le fils de la victime...
Allez donc voir. (Pendant que Torin s'éloigne à droite, apercevant
Cerisier qui vient de la gauche.) Eh ! bien ! docteur ? (Torin entre
dans la chambre de madame Dalissier.)

SCÈNE VII

ROULE, LE DOCTEUR CERISIER.

LE DOCTEUR.

Je venais vous dire, monsieur, que vous pouviez maintenant, sans danger, interroger de nouveau mademoiselle Pulchérie.

ROULE.

A merveille, et je vais à l'instant... (Il se dirige vers la gauche,
mais s'arrêtant tout à coup.) Non, plus tard... (Après avoir parlé bas
au docteur.) Son état permet-il que vous l'ameniez ici ?

LE DOCTEUR.

Mais je le crois.

ROULE.

Allons, faites, docteur, faites; je ne dois rien négliger.
Ah ! voici Laurent Dalissier. (Laurent vient de droite. Il est pâle,
défait et paraît en proie à un violent désespoir ; Torin l'accompagne; le
docteur s'est retiré à gauche.)

SCÈNE VIII

ROULE, LAURENT, TORIN.

A l'entrée de Laurent, Roule fait sortir le greffier et fait prendre
sa place à Torin.

ROULE, à Laurent.

Monsieur Dalissier, quelque pénible que soit pour vous
un interrogatoire en ce moment, nous désirons obtenir quelques renseignements pour découvrir le coupable.

LAURENT, avec une sorte d'exaltation.

C'est moi le coupable !... c'est moi qui l'ai tuée !

TORIN.

Que dit-il ?

ROULE.

Laissez.

LAURENT.

Oui, c'est moi. Sans cette demande d'argent, elle n'aurait
pas eu dix mille francs chez elle et des misérables n'auraient
pas songé à l'assassiner...

ROULÉ, bas à Torin.

Vous le voyez, tout s'explique. (A Laurent.) Ce sont ces misérables qu'il faut nous aider à trouver.

LAURENT.

Oui, oui... Oh! il n'y aura pas de supplice assez grand
pour eux, de torture... Ah! je voudrais les tenir là, sous
mes pieds... (S'arrêtant brusquement.) Eh bien, quoi?... après...
ah! malheureux, est-ce que cela me rendrait ma mère...
ma pauvre mère qui m'aimait et que j'ai abreuvée d'amer-
tume et de chagrin. (Se tournant vers Roulé.) Car vous ne savez
pas combien elle était bonne pour moi... Je n'ai pas connu
mon père. J'étais tout pour elle, et, tout jeune, je le com-
prenais déjà; je me disais qu'il fallait la récompenser de
tant de soin et d'amour. Pourquoi, plus tard, me suis-je
montré si ingrat, si coupable!

ROULÉ, venant près de lui.

Calmez-vous, je vous prie, monsieur. Quels que soient les
reproches que vous ayez à vous adresser, vous ne pouviez
prévoir d'aussi tristes conséquences. Veuillez nous répondre.
Vous aviez donc demandé à votre mère une somme d'argent?

LAURENT.

Oui, monsieur, dix mille francs.

ROULÉ.

Et vous êtes venu les chercher hier?

LAURENT.

Oui.

ROULÉ.

Cette somme était ici?

LAURENT.

Oui.

ROULE.

Alors vous l'avez emportée ?

LAURENT.

Non.

ROULE.

Votre mère vous l'a donc refusée ?

LAURENT.

Non, monsieur, elle a voulu me la donner.

TORIN, bas à Roule.

Ah ! Mariette dit le contraire.

LAURENT, reprenant.

J'ai eu honte de moi, il m'a pris un remords de dépouiller ainsi cette pauvre chère femme et je suis parti précipitamment pour n'être pas tenté d'accepter cette somme qu'elle m'offrait et qui m'était si nécessaire.

ROULE.

Vous avez des dettes ?

LAURENT.

Beaucoup.

ROULE.

Ces dix mille francs suffisaient-ils pour les payer ?

LAURENT.

Oh! non : je dois quatre ou cinq fois plus... (S'arrêtant tout à coup.) Mais pourquoi ces questions qui me sont toutes personnelles ? C'est à moi qu'on fait subir un interrogatoire, et dans un pareil moment.

ROULE.

Il ne s'agit pas d'interrogatoire, mais de renseignements qui peuvent nous être précieux.

LAURENT.

Alors, continuez, monsieur, je répondrai.

ROULE, s'asseyant au guéridon à droite.

Quelle heure était-il lorsque vous avez quitté votre mère ?

LAURENT.

Onze heures environ.

TORIN.

Juste au moment où le crime a dû se commettre d'après le rapport du médecin.

ROULE.

Vous êtes rentré chez vous?

LAURENT.

Non, j'étais agité, fiévreux... je n'aurais pas dormi. Je ne me repentais pas de la résolution que j'avais prise de refuser ces dix mille francs, mais je me demandais ce que j'allais devenir, comment je paierais mes dettes pressées et surtout une dette de jeu qui me tourmentait... Je roulais dans ma tête bien des projets... je faisais mille plans d'avenir... et je me suis promené, je crois, trois ou quatre heures, allant droit devant moi, sans savoir où j'étais... sans m'inquiéter du chemin parcouru.

ROULE.

Cette course avait lieu de onze heures du soir à une heure du matin?

LAURENT.

A peu près.

ROULE.

Et personne ne vous a rencontré pendant cette longue promenade?

LAURENT.

Je ne crois pas.

ROULE.

Personne ne pourrait dire vous avoir vu?

LAURENT.

Je ne sais...

ROULE.

A quelle heure êtes-vous rentré chez vous, rue de Grammont?

LAURENT.

Vers deux heures... je me suis couché; et, à huit heures, on venait m'éveiller pour m'apporter l'affreuse nouvelle. Mais, monsieur, de grâce, épargnez-moi!

ROULE, se levant.

Une dernière question ? Vous êtes-vous promené hier dans ce jardin ?

LAURENT.

Non, je suis entré directement ici.

ROULE.

Et ces jours passés ?

LAURENT.

Pas davantage, je n'entrais jamais au jardin.

ROULE.

Cependant on vient d'y trouver des traces de vos pas.

LAURENT.

C'est impossible.

TORIN.

Oh ! impossible !

ROULE, présentant à Laurent le bouton de manchette, et allant à lui.

Reconnaissez-vous ce bouton de manchette ?

LAURENT.

Oui, certes, il m'appartient. Il était égaré depuis quelques jours.

ROULE.

On l'a trouvé au jardin... et vous assuriez n'y aller jamais.

LAURENT.

C'est étrange.

ROULE, à qui Torin qui revient du fond, a dit un mot à l'oreille.

Oui, en effet, c'est étrange. Bien... introduisez-la. (A Laurent.) On amène ici cette pauvre fille qui a été frappée en même temps que votre mère.

LAURENT.

Pulchérie !

ROULE.

Mettons-nous un peu à l'écart, je vous prie ; votre vue lui causerait trop d'émotion. (Ils vont au fond à droite. Pulchérie entre par la gauche soutenue par le docteur Cerisier.)

SCÈNE IX

LAURENT, ROULE, PULCHÉRIE, LE DOCTEUR ;
puis TORIN.

LE DOCTEUR, à Pulchérie.

C'est celà, mon enfant.., encore un effort... et vous êtes arrivée. (Il la fait asseoir.) Bien, reposez-vous un instant... Comment vous trouvez-vous ?

PULCHÉRIE.

Mieux, docteur, mieux... je suis plus forte que je ne croyais.

LE DOCTEUR.

Vous n'aviez pas assez d'air dans votre chambre ; ici vous respirerez à l'aise.

PULCHÉRIE.

Et nous sommes seuls, n'est-ce pas, comme vous me l'avez promis, tous ces gens de police sont partis... ils ne me feront plus de questions.

LE DOCTEUR, à qui Roule fait des signes.

Oui... oui... ils sont partis... vous ne les verrez plus.

PULCHÉRIE.

Dire qu'hier j'étais là tranquille auprès de cette malheureuse femme... Oh ! mon Dieu !

LE DOCTEUR.

On la vengera... et vous aussi...

PULCHÉRIE, vivement.

Non... non... qu'on ne nous venge pas... qu'on ne nous venge pas... (Elle a une faiblesse, le docteur lui fait respirer des sels et remonte.)

LAURENT, au fond regardant Pulchérie.

Pauvre fille ! Pauvre fille !

ROULE, à Laurent.

Avancez-vous maintenant, elle peut vous voir sans danger. (Il s'avance doucement pendant que Pulchérie se ranime et rouvre les yeux.)

PULCHÉRIE, l'apercevant tout à coup et poussant un cri.

Ah!... (Elle détourne la tête avec épouvante.)

LAURENT, s'avançant.

Pulchérie !

PULCHÉRIE.

Va-t'en, misérable !... Que viens-tu faire ici ?

LAURENT.

Que dites-vous ?

PULCHÉRIE.

Du sang... il a du sang aux mains... Il vient m'achever... Il a peur que je le dénonce... Va-t'en... va-t'en... je me tairai, je me tairai !

LAURENT, se reculant vers la droite avec épouvante.

Ah! mon Dieu ! elle me prend pour l'assassin ! (Entrée de Torin.)

PULCHÉRIE, continuant dans une sorte d'égarement.

Ton poignard, ton poignard qui était tombé à mes pieds, je l'ai caché... on ne le trouvera pas.

LAURENT, s'élançant vers Pulchérie.

Pulchérie, Pulchérie, reviens à toi.

PULCHÉRIE.

Ne m'approche pas... ne m'approche pas... Au secours !... au secours !... (Apercevant tout à coup Roule et des agents qui s'avancent.) Ces hommes, ces hommes... La police... On m'écoutait... qu'ai-je dit ? Messieurs, messieurs, ne faites pas attention à mes paroles... J'ai la fièvre, le délire... Je suis folle... vous voyez bien que je suis folle... (Portant les mains à sa poitrine, elle tombe évanouie. Le Docteur s'empresse auprès d'elle.)

TORIN, qui était sorti depuis un instant et qui vient de rentrer. Bas à Roule.)

Elle n'est pas si folle... Voici le poignard dont elle parlait... elle avait eu la force de le cacher dans l'intérieur du matelas.

ROULE, présentant brusquement le poignard à Laurent.

Reconnaissez-vous ce poignard ?

LAURENT, après avoir regardé.

Oui... oui... il est à moi... Comment est-il entre vos

mains? Hier encore il était sur ma cheminée. (Poussant un cri.) Ah! mon Dieu!... Est-ce que?... Oui... oui... ce sang! ce sang!

ROULE, lui mettant la main sur l'épaule.

Allons! allons... assez de comédie... Laurent Dalissier, au nom de la loi, je vous arrête.

LAURENT, dans la stupeur.

Vous m'arrêtez!

ROULE,

Comme assassin! Comme parricide!

LAURENT.

Comme assassin, comme parricide! Moi! Moi! (Tombant à genoux à droite devant la porte restée ouverte de la chambre de madame Dalissier.) Oh! ma mère! ma mère! Tu les vois, tu les entends!

ROULE, bas à Torin.

Pas un mot, pas un geste faux, cependant les preuves sont là... il aurait signé son crime qu'il ne serait pas plus clair. Allons, il faut en finir. (Il fait un signe aux agents qui s'approchent.)

LAURENT.

Quoi? Que voulez-vous?

TORIN.

Suivez-nous.

LAURENT.

Vous suivre! Ah! on va m'emmener... on va me séparer d'elle... je ne la verrai plus! je ne prierai pas au pied de son lit... je ne la veillerai pas jusqu'à ce qu'on l'emporte... Qui donc alors la mettra dans la bière!... qui la suivra au cimetière... Oh! Messieurs, messieurs!... de grâce... vous m'arrêterez demain... mais cette dernière journée... mais cette dernière nuit... laissez-les moi... A la porte du cimetière, vous me reprendrez... Ah! je n'essaierai pas de fuir... Allez... Vous pouvez bien m'envoyer à l'échafaud... je ne me défendrai pas... je suis brisé... Ma mère... ma mère! (Les agents s'emparent de lui et l'entraînent au dehors.)

ROULE, le suivant des yeux.

C'est trop complet, C'est plus fort que nature!

ACTE DEUXIÈME

Troisième Tableau

Chez le banquier Suchapt. — Un salon très-riche, ouvrant au fond sur d'autres salons éclairés pour une soirée. — A gauche, un guéridon avec siéges. — Une cheminée au fond avec une glace sans tain. — Portes latérales des deux côtés de la cheminée, dans des pans coupés.

SCÈNE PREMIÈRE

ÉMILIENNE, seule.

Huit heures ! Ne rien savoir.., pas la moindre nouvelle… tandis que là-bas ce procès se déroule, tandis qu'il se défend, qu'il souffre… (Apercevant Emery qui vient d'entrer à gauche.)

SCÈNE II

ÉMILIENNE, ÉMERY.

ÉMERY, entrant.

Bonjour, petite sœur.

ÉMILIENNE.

Émery ! Que s'est-il passé ?… Que sais-tu ?… L'affaire est terminée. Il est acquitté, n'est-ce pas ?

ÉMERY.

Je n'en sais rien, petite sœur.

ÉMILIENNE.

Comment ! tu ne reviens pas du Palais de Justice ?

ÉMERY.

Si fait!... Oh! oui, j'en reviens. (Il bâille.) Et je n'ai pas envie d'y retourner.

ÉMILIENNE.

Alors, c'est fini?

ÉMERY.

Pas encore.

ÉMILIENNE.

Je croyais que les témoins étaient forcés d'assister aux débats.

ÉMERY.

D'ordinaire. Mais tu comprends, moi depuis deux jours que ça dure, je m'ennuyais! Voir toujours les mêmes visages, entendre toujours la même chose, c'est navrant... Et des voisins! Ah! des voisins?... Parlons-en... Tous bourgeois!... Personne de la gomme. Tu comprends, moi, je ne savais pas que leur dire à tous ces gens-là... C'est pas mon monde... Cependant comme j'ai toujours des cartes dans ma poche, je leur ai proposé un baccarat tournant pour tuer le temps. Nous étions cachés par le poële, le Président ne nous aurait pas vus. Ils ont refusé... Ils ne connaissaient pas le bac... Tu les vois d'ici, n'est-ce pas?... Des gens qui ne connaissent pas le bac... C'est tout dire!... Alors, moi... Tu me suis, n'est-ce pas?... Non, tu ne me suis pas, ça ne fait rien... Alors moi, tu comprends, ne pouvant pas jouer, je me remuais, je causais, je faisais des cocottes... Ça gênait le Président, et, après avoir constaté que j'étais inutile, que je ne pouvais apporter aucune lumière aux débats, il m'a dit d'une voix gracieuse: « fils Suchapt... Retournez chez vous... » Je ne me le suis pas fait répéter.

ÉMILIENNE.

Ainsi, ce procès ne t'a pas intéressé?

ÉMERY.

Que veux-tu?... Pas de jolies femmes... rien pour les yeux. (A part descendant.) Une seule parmi les témoins... Pulchérie...

3.

ÉMILIENNE, l'interrompant.

Pourtant, l'accusé, ce malheureux jeune homme, qui se
débat en ce moment contre une accusation capitale... Il a
été ton ami.

ÉMERY.

Mon ami, mon ami !... Lorsque nous avions joué ensemble
et qu'il avait perdu contre moi, alors je l'aimais bien, je le
confesse, mais sans cela...

ÉMILIENNE.

Quel excellent cœur tu as, mon cher frère !... (Elle passe et
vient s'asseoir sur la chaise à gauche du guéridon.)

ÉMERY, se lève et la suit.

Tu en as pour deux, petite sœur, tu en as même pour papa
qui m'a refusé hier trois mille francs... sous le prétexte qu'il
venait d'en payer dix mille à la marchande de modes de
belle-maman... « Tu n'avais qu'à ne pas te remarier, papa,
lui ai-je dit, tu aurais plus d'argent et moi aussi... » Mais il
n'entend pas de cette oreille-là... il ne croit qu'à belle-maman... Il ne voit que par belle-maman... Je n'ai plus de
père !... Je n'ai qu'un parâtre, Nous n'avons plus qu'un parâtre. Tu me suis, n'est-ce pas ? Non, tu ne me suis pas ? Je
parie que tu penses à Dalissier... Il te tient toujours au
cœur ?

ÉMILIENNE.

Émery !

ÉMERY.

Oh ! tu sais, ce n'est pas pour te blâmer... Tu peux l'aimer
d'autant plus que cet amour-là va te poser.

ÉMILIENNE.

Que veux-tu dire ?

ÉMERY.

Dam ! Dalissier est le lion du jour et le public que j'entendais tout à l'heure chuchoter autour de moi... explique
ses désordres par une passion fatale pour une jeune fille de
l'aristocratie financière.

EMILIENNE.

Ah!...

ÉMERY, au fond, accoudé sur la cheminée.

Oui, oui, ça a même paru produire une impression désagréable sur une autre personne... la belle Pulchérie, que je n'ai cessé de lorgner pour me distraire. (Se parlant à lui-même.) Beau brin de femme... Ça ferait une rude maîtresse... On lui donnerait un peu de chic... et, par ma foi, elle enfoncerait la vieille garde. (Voyant madame Suchapt qui s'avance au fond.) Tiens! Tiens!... voilà belle-maman... En a-t-elle une toilette!... Si elle va de ce train-là, papa finira par me supprimer ma pension. Les pères qui se remarient avec de jeunes femmes... C'est navrant pour les enfants!

SCÈNE III

LES MÊMES, MADAME SUCHAPT.

MADAME SUCHAPT, entrant. Elle vient de la droite.

Tiens, vous voilà de retour, Émery? Votre père n'est pas revenu avec vous du Palais?

ÉMERY.

Non, belle-maman.

MADAME SUCHAPT.

Il y passera sans doute la nuit. (Descendant la scène.)

ÉMERY.

Belle-maman, je l'ignore... je l'ignore absolument.

MADAME SUCHAPT, à part.

Quand je le disais!... Cette malheureuse affaire n'en finira pas. (Haut.) Mais allez donc au moins mettre un habit et aidez-moi à recevoir nos invités... Soyez bon à quelque chose.

ÉMERY.

Bon à quelque chose... au fait! ça me changera. Je vais passer un habit, belle-maman. (Il sort à gauche.)

SCÈNE IV

MADAME SUCHAPT, ÉMILIENNE.

MADAME SUCHAPT.

Maître Glavon avait bien besoin de faire appeler mon mari comme témoin... si c'est ainsi qu'il me récompense de ne jamais donner une fête ou une soirée sans l'inviter!

ÉMILIENNE.

Peut-on lui en vouloir d'avoir défendu le fils d'une amie, et, pour repousser une infâme accusation d'avoir recours à tous les moyens, de faire appel à toutes les consciences?

MADAME SUCHAPT, la rejoignant.

Que voulez-vous que dise votre père? Qu'il n'a jamais surpris l'accusé à fouiller dans ses poches ni à crocheter les meubles de l'hôtel?... On ne lui reproche pas cela. Mais il était écrit que nous serions mêlés à cet affreux procès... et justement il faut que cela tombe un jour où je reçois.

ÉMILIENNE.

Mais vous n'aviez pas besoin de recevoir. — Vos invitations sont parties hier seulement et mon père lui-même n'est pas prévenu.

MADAME SUCHAPT.

J'avais mes raisons pour donner cette soirée; c'est une protestation contre certaines rumeurs; je ne veux pas qu'on m'accuse de prendre le deuil de M. Dalissier et de compatir à ses infortunes... Ah! maudit le jour où votre père l'a introduit ici!

ÉMILIENNE.

Ainsi, vous le croyez coupable?

MADAME SUCHAPT.

Dam! Il y a assez de preuves.

ÉMILIENNE.

Et vous voudriez qu'il fut condamné?

MADAME SUCHAPT.

Ah! mais non! qu'il en réchappe s'il est possible! et qu'il ne soit pas dit que j'aurai fait coudoyer pendant un an à mes amies... un parricide!...

ÉMILIENNE.

C'est une considération.

MADAME SUCHAPT.

Mais oui!... Cela vous est indifférent, à ce qu'il paraît, que mon salon soit à moitié désert... que ceux qui y viennent m'adressent leurs condoléances ironiques, et que les autres affectent de chuchoter avec un air de réserve et de mystère...

ÉMILIENNE.

J'avoue, madame, que je suis insensible à ces petites piqûres d'amour-propre, lorsque je songe qu'en ce moment même, un malheureux jeune homme que nous avons connu...

MADAME SUCHAPT.

Oh!... connu...

ÉMILIENNE.

Et admis dans notre intimité...

MADAME SUCHAPT.

Par exemple!... Ce n'est pas vrai...

ÉMILIENNE.

Oh! je sais bien!... Il est de bon ton de le renier maintenant.

MADAME SUCHAPT.

Et on a raison... un assassin!

ÉMILIENNE.

Et s'il est innocent?

MADAME SUCHAPT.

Allons donc! (Elle descend à droite.)

ÉMILIENNE.

Supposez-le. Vous figurez-vous l'angoisse, le désespoir d'un malheureux déjà accablé par la mort de sa mère, qui se voit tout à coup accusé de l'avoir tuée, qu'on interroge... qu'on jette en prison.

MADAME SUCHAPT, revenant.

Pourquoi ne s'est-il pas justifié? Je ne demandais pas mieux...

ÉMILIENNE.

Le pouvait-il?... En a-t-il eu les moyens? Qu'a-t-il pu faire dans un cachot, au secret, que de gémir et de protester contre cette infâme accusation qui est venue tout à coup fondre sur lui ?

MADAME SUCHAPT.

Quel feu !... comme vous le défendez !

ÉMILIENNE.

Ce n'est pas lui que je défends, mais tout homme dans sa position... car je n'en imagine pas une qui soit plus épouvantable, plus digne de compassion.

MADAME SUCHAPT, remonte.

Quoi qu'il en soit, je vous conseille, ma chère Emilienne, de ne pas porter dans le monde cette animation... On la trouverait peut-être déplacée chez une jeune fille.

EMILIENNE.

Madame, on sait que j'ai perdu ma mère de bonne heure, que j'ai beaucoup observé, beaucoup réfléchi, et que l'abandon et la souffrance m'ont fait femme depuis longtemps.

JEAN, annonçant.

M. et madame Lalain. (M. Lalain et la plupart des invités restent dans les salons du fond, sans entrer en scène.)

SCÈNE V

Les Mêmes, MADAME LALAIN.

MADAME LALAIN, tandis que son mari salue, serrant les mains des deux femmes.

Bonjour, chère madame, (à Emilienne.) Bonjour, ma toute belle. Mais je ne vois pas M. Suchapt. Est-ce qu'il n'est pas encore revenu du Palais ?

MADAME SUCHAPT.

Pas encore !

MADAME LALAIN, *descendant et prenant le milieu.*

A-t-il été heureux d'être appelé comme témoin, moi qui aurais tant voulu assister à cette affaire. J'ai mis en campagne toutes mes connaissances. Je me suis adressée au défenseur de l'accusé, maître Glavon, lui-même, notre ami et le vôtre... Peine inutile; c'était aussi couru qu'une première représentation.

MADAME SUCHAPT.

Vraiment?

MADAME LALAIN.

Enfin ce sera pour une autre fois... On m'a promis que j'aurai une place au premier parricide. Il vaut peut-être mieux, du reste, que je n'aie pas assisté à cette affaire. Je suis si impressionnable, j'ai si bon cœur...

ÉMILIENNE, *à part.*

On s'en aperçoit. (*Elle gagne la cheminée du fond.*)

MADAME SUCHAPT.

Ah! Je vous en supplie, laissons ce triste sujet, j'en suis excédée... malade...

JEAN, *annonçant.*

Madame de Serry, madame Théruzot... (*Madame Lalain gagne le guéridon de gauche et s'assied.*)

SCÈNE VI

Les Mêmes, MADAME DE SERRY, MADAME THÉRUZOT.

MADAME SUCHAPT, *allant aux deux femmes et leur serrant la main.*

Ah! c'est aimable à vous; je ne vous espérais pas.

MADAME DE SERRY.

Vous aviez tort. (*Elle descend à droite avec madame Suchapt tandis que madame Théruzot reste près de la cheminée avec Émilienne.*) Je n'abandonne jamais mes amis lorsqu'ils se trouvent dans des situations... délicates.

MADAME SUCHAPT, *furieuse.*

Encore...

MADAME THÉRUZOT à Émilienne.

Je quitte Paris demain et j'ai voulu...

MADAME DE SERRY, regardant autour d'elle et remontant
vers le milieu près de la cheminée où elle s'assied.

Mais comment se fait-il qu'il n'y ait encore personne?
moi qui croyais être en retard.

MADAME SUCHAPT.

Il n'est pas dix heures...

MADAME DE SERRY.

Ah! j'y suis!... Comment n'ai-je pas songé à cela... Vous
avez contremandé votre soirée... Vous avez bien fait, ma
chère.

MADAME SUCHAPT.

Mais non. A quel propos?

MADAME DE SERRY.

Ah! je croyais... je vous demande pardon... Ce procès
Dalissier qui se plaide en ce moment. Tout votre monde doit
être à la Cour d'assises. Vous n'allez avoir personne.

MADAME SUCHAPT.

Je vous demande pardon, madame...

LE DOMESTIQUE, annonçant.

M. de Burgy... Madame Hornille.

MADAME SUCHAPT.

Vous voyez!... (Elle va au fond recevoir ses invités. Emery entre.)
(Les autres invités restent dans le salon du fond.)

SCÈNE VII

LES MÊMES, ÉMERY.

ÉMERY, à part, en entrant des journaux sous le bras.

Si belle-maman n'est pas contente de mon idée... C'est
mauvais genre, mais ce sera très-drôle.

MADAME SUCHAPT, revenant du salon du fond.

Tout le monde me parle de cette affaire Dalissier, comment
opérer une diversion? (Apercevant Emery.) Émery, venez,

m'aider à distraire ces dames, je vous en prie, car véritablement, j'ai la tête perdue.

ÉMERY.

Volontiers, belle-maman, j'arrive pour cela. (Imitant la voix d'un marchand de journaux.)

Seconde édition du journal « Le Soir, » compte-rendu complet et détaillé de l'affaire Dalissier, avec les dépositions des témoins, les plaidoiries des avocats... Qui veut lire le procès Dalissier ?

MADAME DE SERRY, riant.

Très-joli!... c'est très-joli!...

MADAME THÉRUZOT.

Ne m'oubliez pas. (Tous les autres invités redescendent vivement et prennent les journaux que leur offre Émery.)

MADAME SUCHAPT.

Mais taisez-vous donc.

ÉMERY.

Oui, belle-maman. (À part.) Belle-maman enrage, mais j'ai un succès fou... j'en donne ma foi!

MADAME SUCHAPT, consternée et se laissant tomber sur un siège.

Ah! mon Dieu! mais, c'est insensé!... cela n'a pas de nom!

ÉMILIENNE, bas à madame Suchapt.

Du calme, madame, moi, j'en ai bien! (à Émery.) Donne! (Elle prend le journal et se retire à gauche.)

ÉMERY.

Toi aussi, petite sœur.

MADAME LALAIN, aux dames qui sont auprès d'elle.

Puisque c'est le fils de la maison qui a eu cette idée, nous pouvons lire sans blesser aucune convenance. (Toutes ont un journal ouvert, à la main, et lisent en même temps.)

MADAME DE SERRY, au milieu, assise lisant.

« Messieurs de la Cour, messieurs les jurés. Lorsque
« certains crimes monstrueux éclatent, l'horreur qu'ils
« inspirent est mêlée de stupeur et de doute. On se demande
« s'il est possible que la perversité humaine ait atteint de
« telles limites...

MADAME THÉRUZOT, à gauche près du guéridon.

« Cependant quand on examine avec calme et impartialité
« les circonstances qui ont précédé ou accompagné le crime,
« on ne tarde pas à se convaincre non-seulement que ce
« crime est possible, mais encore qu'il est vraisemblable, et
« si on ose le dire logique et naturel...

MADAME DE SERRY, à gauche, de l'autre côté du guéridon.

« M. l'avocat général, après avoir passé en revue toutes
« les preuves réunies contre l'accusé et démontré sa culpa-
« bilité, termine en ces termes :

MADAME LALAIN, se levant.

« Un crime monstrueux a ému l'Europe entière.

MADAME THÉRUZOT.

« Votre conscience vous ordonne de le punir. (Toutes se levant
à la fois.) Et vous le punirez. »

ÉMERY.

Bravo! bravo! Maintenant la parole est au défenseur de
l'accusé. Où est-il? qui fera le défenseur?

ÉMILIENNE, s'avançant.

Moi.

ÉMERY.

Toi.

ÉMILIENNE, s'avançant et prenant le milieu de la scène.

Oui moi! puisque vous voulez lire cette plaidoirie, vous
l'écouterez au moins avec recueillement, parce que je
saurai vous la dire avec conviction.

ÉMERY, à part, allant au guéridon de gauche.

Oh! oh! de la conviction, il n'en faut pas, on ne va plus
s'amuser.

MADAME SUCHAPT, à part.

Quels enfants!

ÉMILIENNE, lisant.

« Maître Glavon, le défenseur de l'accusé, déclare qu'il l'a
« connu enfant, qu'il l'a connu jeune homme, et que, si on
« peut lui reprocher quelques écarts d'imagination, son cœur
« est toujours resté droit, honnête et loyal... Son respect,
« son amour pour sa mère, inaltérables. Puis le célèbre avo-

« cat s'écrie tout à coup : Eh! bien, soit, je me suis trompé :
« rendez un verdict affirmatif, dans quelques jours Laurent
« Dalissier montera sur l'échafaud, c'est vous qui l'y aurez
« envoyé et vous aurez bien fait, messieurs, car il n'existe
« pas, il ne doit pas exister, de circonstances atténuantes pour
« un parricide. Nous n'en voulons pas, il serait injuste, in-
« digne à vous de nous en accorder. Nous voulons l'acquitte-
« ment ou la mort. Mais réfléchissez bien, messieurs les ju-
« rés, à l'arrêt que vous allez prononcer, car moi, j'affirme
« que l'accusé n'est pas coupable, j'affirme qu'il est victime
« d'une implacable fatalité, et que si vous le condamnez,
« vous condamnerez un innocent! »

TOUS.

Bravo!... bravo!

SUCHAPT, au fond à gauche.

Bravo, bravo !

MADAME SUCHAPT.

Mon mari maintenant ! (Suchapt entre.)

SCÈNE VIII

Les Mêmes, SUCHAPT, et GLAVON.

SUCHAPT, restant à gauche près de la porte.

N'est-ce pas qu'il mérite des applaudissements... Jamais
il n'a déployé tant d'éloquence, et je l'ai amené pour que
vous lui adressiez vos compliments. Tenez le voici ! (Maître
Glavon entre et descend pour saluer madame Suchapt.)

ÉMILIENNE, bas à Glavon.

Est-il acquitté?...

GLAVON, bas.

Oui, par le jury... mais cela ne suffit pas, je viens plaider sa cause auprès du monde.

ÉMILIENNE, lui serrant la main.

Merci! (On entoure Glavon. Émilienne s'éloigne.)

MADAME LALAIN, à gauche près du guéridon.

Alors, il est acquitté ?

SUCHAPT, à madame Lalain et aux personnes qui l'entourent.

S'il est acquitté!... je crois bien, après une plaidoirie comme celle que nous avons entendue. Tout le monde était remué... Chacun croyait à l'innocence de Laurent Dalissier, chacun aurait voulu l'embrasser; quant à moi, dès que l'audience a été levée, je me suis élancé vers lui et je lui ai dit : Notre maison vous est ouverte comme par le passé. Nous essaierons de vous faire oublier vos chagrins, nous vous attendons ce soir.

MADAME SUCHAPT, l'entraînant à droite.

Comment?... Vous avez osé... vous avez invité ce monsieur à venir ici?

SUCHAPT.

Mais, ma chère amie, je ne savais pas que tu recevais aujourd'hui. Tu ne m'as pas prévenu; je croyais que nous serions entre nous, et lui aussi le pauvre garçon. Du reste, que pourraient dire tes invités puisqu'il est acquitté.

MADAME SUCHAPT.

Vous croyez que cela suffit?

SUCHAPT.

Sans doute.

MADAME SUCHAPT.

Écoutez ce que l'on dit à ce sujet.

MADAME DE SERRY, traversant la scène avec Glavon à qui elle donne le bras et gagnant le guéridon près duquel se trouvent toujours mesdames Théruzot et Lalain.

Pardon, cher monsieur, vous avez été éloquent... Vous l'êtes toujours, nous le savons. Vous avez triomphé de l'auditoire, du jury, des juges, même, soit! mais nous qui ne vous avons pas entendu, qui n'avons pas été impressionnées par votre parole... nous ne pouvons pas être aussi convaincues et attendries.

MADAME THÉRUZOT.

Sans doute.

MADAME SUCHAPT, à droite, à son mari.

Vous entendez...

SUCHAPT.

J'entends... mais...

MADAME LALAIN, dans le groupe.

Pour nous qui sommes de sang-froid; qui nous sommes fait une opinion sérieuse et raisonnée... il existe toujours des preuves accablantes contre votre client.

MADAME THÉRUZOT.

Évidemment.

MADAME DE SERRY.

Vous ne pouvez pas exiger que nous ratifiions la décision du tribunal.

MADAME SUCHAPT, à son mari.

Vous voyez.

SUCHAPT.

Oui, j'entends, chère amie, mais écoute à ton tour.

GLAVON, debout derrière le guéridon.

En d'autres termes, mesdames, vous voulez proscrire un innocent? Car c'est une proscription et la plus redoutable de toutes, ce que vous indiquez là. Et de quel droit l'infligez-vous à cet homme que la justice a renvoyé absous? S'il est condamné injustement, si on acquiert la preuve de son innocence, il faut des démarches infinies, des procédures sans nombre pour le faire sortir du bagne, lorsqu'il en sort, des siècles pour réhabiliter sa mémoire si on la réhabilite.

ÉMERY, à part.

Lesurques!... quelle rengaine!

GLAVON.

Il est coupable lorsque les juges ont déclaré qu'il l'était. Il me semble que le contraire doit exister : un homme serait-il coupable, devrait être tenu pour innocent si un jury l'a acquitté.

SUCHAPT, à sa femme.

Ah! ah!... que dis-tu de cela?

MADAME SUCHAPT.

Je dis que ça ne convainc personne. (Regardant au fond dans les salons.) Qu'y a-t-il? Tout le monde s'éloigne... Ah! j'aurais dû m'en douter. (A son mari.) C'est votre invité... c'est M. Dalissier. (Les autres femmes ont aperçu Laurent au fond; elles chuchotent entre elles d'un air scandalisé et s'éloignent.)

MADAME SUCHAPT, montrant le mouvement qui se fait à son mari.

Eh! bien, êtes-vous satisfait? Quelle honte! Grâce à vous, mon salon est déshonoré. Venez, Émilienne. (A Émery.) Émery, offrez votre bras à madame de Serry.

ÉMERY, à madame de Serry.

Comment donc, chère madame, comment donc, mais avec bonheur! (S'éloignant avec elle.) N'est-ce pas que notre petite fête est charmante... Belle-maman s'entend à ravir à recevoir...

MADAME DE SERRY, regardant Laurent qui paraît au fond à gauche.

Tout le monde!...

ÉMERY.

Tout le monde... Ah! parfait!... parfait! très-joli! très-joli! très-joli! (Ils sortent les derniers, il ne reste plus dans le salon que Suchapt à droite, Glavon à gauche; au fond Laurent entre par la gauche.

GLAVON, près de la porte, à Laurent qui lui serre la main.

Hélas! vous voyez.

LAURENT, qui s'est avancé vers Suchapt.

Monsieur, vous ne m'aviez pas dit que vous donniez une soirée; pourquoi m'exposez-vous à cet affront?

SUCHAPT.

Mon Dieu, monsieur, je suis désolé... je ne prévoyais pas. Ah! les personnes qui lisent un procès, dans un journal, ne subissent pas les mêmes émotions que celles qui assistent à l'audience. Je viens d'en faire la triste expérience.

MADAME SUCHAPT, appelant au fond.

Monsieur Suchapt!

SUCHAPT.

Voilà, voilà. (A Laurent.) Veuillez m'excuser, je suis à vous dans un instant. (Il salue et s'éloigne.)

SCÈNE IX

LAURENT, GLAVON.

LAURENT, après un instant de silence, passant devant Glavon et
gagnant la gauche.

Allons ! tout est bien fini ! (Revenant à Glavon.) Vous aviez
raison, monsieur, il n'y a rien à tenter, rien à espérer pour
moi... C'est bien, je verrai ce qui me reste à faire.

GLAVON.

Comme vous dites cela ! que méditez-vous donc ?

LAURENT.

Rien. J'ai voulu tenter cette épreuve, elle n'a pas réussi.
Je me résigne, vous le voyez... je me résigne... (Il se tient à
gauche près du guéridon.)

GLAVON.

C'est-à-dire que vous êtes désespéré, quoi !... parce que
ce salon s'est montré hostile ?...

LAURENT.

Eh ! n'en sera-t-il pas partout ainsi !... Et puis, que m'importe ce qui m'attend ailleurs ?... C'est ici, dans cette maison, vous le savez bien, que se concentraient toute ma crainte
et mon espérance... et voilà qu'on m'en chasse ignominieu-
sement !... Vous voyez bien que c'est fini, que je n'ai plus
rien à attendre !...

SCÈNE X

LES MÊMES, ÉMILIENNE, qui vient de la gauche.

ÉMILIENNE, s'avançant vivement.

Votre mère est-elle vengée, M. Dalissier ?

LAURENT, tressaillant.

Mademoiselle !

ÉMILIENNE.

Quoi ! vous avez devant vous cette tâche sacrée et vous

dites que vous n'avez rien à faire en ce monde ! Un misérable a assassiné votre mère... il faut que vous le retrouviez,
il faut que vous le livriez à la justice. Il le faut pour vous...
(Plus bas.) Il le faut pour moi.

LAURENT.

Ah !... (Il incline un genou en terre, Émilienne lui tend la main,
il la porte à ses lèvres.)

Quatrième Tableau

Un bureau à la préfecture de police, porte au fond, porte à gauche, table
pour écrire à gauche premier plan.

SCÈNE PREMIÈRE

BICHAT (Garçon de bureau), — REGIMBAULT.

(Le garçon dépose des lettres sur le bureau. — Au même instant on
entr'ouvre la porte du fond.)

REGIMBAULT, passant la tête.

Monsieur l'inspecteur n'est pas arrivé ?

BICHAT.

Encore vous ? Je vous ai dit que vous n'aviez rien à faire
ici. Nous ne donnons pas de renseignements au public.
Monsieur Roule refusera même de vous entendre.

REGIMBAULT.

Cependant, comment avoir cette adresse ? J'arrive de
Grenoble exprès pour...

BICHAT.

Vous m'avez déjà dit cela... et je vous ai répondu que
nous n'y pouvions rien... Laurent Dalissier a été acquitté
par le jury et mis en liberté ; nous n'avons plus à nous occuper de lui. Voyons, allez-vous en. (Voyant que Regimbault s'assied
près de la table.) Comment, vous vous asseyez !

REGIMBAULT.
Je vais attendre M. l'inspecteur.

BICHAT.

Attendez jusqu'à demain si vous voulez... (Le poussant vers
la porte qu'il ouvre.) Mais là-bas, dans le couloir, sur la ban-
quette. (A Torin qui paraît sur le seuil de la porte, au moment où
Regimbault s'éloigne.) Entrez donc, monsieur Torin, entrez
donc. (Torin entre.)

SCÈNE II

BICHAT, TORIN.

BICHAT, à Torin.
Je vous croyais en mission à la Conciergerie.

TORIN.

En effet; mais je viens de me faire déboucler; ma tâche
était remplie.

BICHAT.

Vous êtes satisfait ?

TORIN.

Très-satisfait. A quelle heure pensez vous que M. Roule
viendra à son bureau ?

BICHAT.

Mais à dix heures.

TORIN.

Dites-moi, je cours voir ma femme et mes mioches qui
n'ont pas entendu parler de moi depuis quinze jours et je
reviens.

BICHAT.

C'est cela, j'avertirai M. l'Inspecteur. (Accompagnant Torin.)
Au revoir, monsieur Torin. (Au moment où il ouvre la porte pour
le laisser passer, Laurent paraît.)

SCÈNE III

LAURENT, BICHAT.

BICHAT.

Que voulez-vous, Monsieur ?

LAURENT.

Parler à M. Roule.

BICHAT.

Il n'est pas encore arrivé. Est-ce pour affaires de service ?

LAURENT.

Pour affaire personnelle.

BICHAT.

M. l'Inspecteur demandera votre nom.

LAURENT.

Je m'appelle Laurent Dalissier.

BICHAT.

Laurent Dalissier, celui qui...

LAURENT.

Oui, celui qui vient de passer en cour d'assises et qui a été acquitté.

BICHAT, qui le regarde curieusement.

M. Roule désirera savoir ce que vous lui voulez.

LAURENT.

Vous lui remettrez cette lettre.

BICHAT.

Très-bien... cela suffit.

LAURENT.

Je voudrais avoir la réponse le plus tôt possible. C'est pour cela que je suis venu. Où puis-je attendre ?

BICHAT, ouvrant la porte du fond.

Dans le couloir... A propos, il y a là, justement, un monsieur qui vous cherche de tous côtés... Tenez, là-bas... ce vieux qui nous regarde... et qui se lève... Allons, bon, le voilà.

SCÈNE IV

LAURENT, REGIMBAULT, BICHAT.

BICHAT, à Regimbault.

Mais je ne vous appelle pas !

REGIMBAULT.

Ah ! pardon, monsieur, je croyais que vous m'aviez fait
signe de venir.

BICHAT.

Mais non, mais non... Retournez à votre place.

LAURENT, à Regimbault.

Vous avez à me parler, Monsieur.

REGIMBAULT.

Oui, Monsieur... Vous êtes monsieur Laurent Dalissier ?
J'arrive exprès de Grenoble...

BICHAT.

Allons bon, voilà que ça va recommencer... pas moyen de
se débarrasser de ces gens-là... Faites-vite alors... parce
qu'à dix heures précises... je vous renvoie... C'est l'heure à
laquelle rentre M. l'Inspecteur et il ne faut pas qu'il vous
trouve ici. (Il range encore différents papiers sur le bureau, puis il
prend un journal, s'assied et lit sans s'occuper de Laurent et de Regimbault.)

LAURENT, à Regimbault au milieu, debout.

Vous arrivez de Grenoble, monsieur, dites-vous ?

REGIMBAULT.

Oui, monsieur, de Grenoble votre ville natale ; je suis un
ancien ami de votre famille, et jugez de ma douleur
lorsque j'ai appris là-bas par les journaux la mort de votre
mère et l'épouvantable accusation qu'on faisait peser sur
vous. J'étais indigné. Et je me suis dit que, si je n'avais pu
vous apporter autrefois mes sympathies, du moins mes féli-
citations ne vous feraient pas défaut. Pardonnez-moi de venir
si tard.

LAURENT, avec effusion.

Non, monsieur, non, il n'est pas trop tard. Oh ! combien
je vous remercie... Quel est votre nom, je vous prie ?

REGIMBAULT.

Jean Regimbault, ancien marchand de nouveautés, impasse Violette à Grenoble.

LAURENT.

Bien ! Monsieur, c'est la première fois que je l'entends prononcer ; mais je ne l'oublierai pas, je vous assure !... Et vous avez connu mon père, dites-vous ?... il était votre ami.

REGIMBAULT.

Nous étions des intimes. C'est moi, qui, au dernier moment, lui ai procuré un passe-port avec lequel il a passé en Italie sous le nom d'Antonio Cruzzini.

LAURENT.

Oui, Antonio Cruzzini ; c'est bien cela... Ma mère m'a parlé de ce départ précipité, de cette fuite... j'aurais voulu des détails... Je n'ai pu en obtenir d'elle... Je crois que mon père l'avait beaucoup fait souffrir et je n'osais pas l'interroger à son sujet.

REGIMBAULT.

Je comprends cela.

LAURENT.

Depuis bien des années elle n'avait pas reçu de ses nouvelles... et elle n'a jamais eu la preuve officielle de sa mort... Pourquoi, suivant vous, monsieur, avait-il quitté son nom pour prendre celui d'Antonio Cruzzini ? Pourquoi s'est-il sauvé de France et est-il passé en Italie ?

REGIMBAULT.

Pour échapper à ses créanciers... J'avais beau leur dire : « Mais soyez donc tranquilles !... Si ce n'est pas lui, ce sera sa femme... ou son fils, plus tard... Un fils ne renie pas les dettes de son père... Nous serons payés tous ! »

LAURENT, refroidi.

Il vous était dû quelque chose à vous aussi ?

REGIMBAULT.

Naturellement. Je l'ai obligé tant que j'ai pu dans la limite de mes moyens... bien faibles à cette époque. Mais il se

montrait si reconnaissant que je n'ai jamais regretté les em-
barras que je m'étais créés à cause de lui. Depuis, mes affaires ont prospéré, j'ai pu devenir indifférent à cette perte.

LAURENT.

Indifférent ou non, monsieur, ce n'en sera pas une pour
vous; vous me direz ce qui vous est dû et je paierai.

REGIMBAULT.

Oh! cela ne presse pas. J'avais préparé cette petite note...
C'est singulier, voyez donc, le hasard!... je l'ai précisément
sur moi... Oui, ma foi! la voilà... avec les billets souscrits
par votre père. Le temps les a un peu jaunis, comme vous
voyez...

LAURENT.

C'est bien, monsieur... combien vous doit-on ?

REGIMBAULT, feuilletant les papiers.

Voici le compte principal: six mille francs.

LAURENT, avec impatience.

Le total ?

REGIMBAULT.

Voici les billets qui constatent... Maintenant, en ne prenant l'intérêt qu'à six... intérêt composé, vous comprenez,
depuis plus de vingt ans.

LAURENT.

Le total, vous dis-je ?

REGIMBAULT.

Dix-sept mille huit cent quatre-vingt-deux francs, soixante.

LAURENT.

C'est bien... Vous irez demain chez M. Glavon, avocat,
rue Sainte-Anne... il examinera ces papiers et vous paiera
s'il y a lieu... Je lui donnerai des instructions à cet égard ..
L'héritage de ma mère est entre ses mains... et il servira
tout entier à acquitter les dettes de mon père... Quant à
moi, j'ai juré de ne pas toucher à cet argent.

REGIMBAULT.

Mais...

LAURENT.

Assez, monsieur, assez. (Rejoignant Bichat.) Je vous remercie, monsieur, de votre obligeance. Je vais attendre M. l'inspecteur dans l'autre pièc e.

BICHAT.

Ça se trouve très-bien... Voici dix heures qui sonnent. (A Regimbault.) Allons, monsieur, allons.

REGIMBAULT.

Ah ! le noble jeune homme. Je ne lui demandais rien, il paie les dettes de son père. (Au moment où ils disparaissent tous les deux, Roule entre à gauche par une porte particulière.)

SCÈNE V

ROULE, BICHAT.

ROULE, s'approchant de son bureau.

Quelqu'un m'a-t-il demandé ?

BICHAT.

M. Torin.

ROULE.

Ah ! il a levé son écrou lui-même. Il y a du nouveau alors ? Est-ce qu'il attend ?

BICHAT.

Non, monsieur, il est allé chez lui, il va revenir.

ROULE.

Vous l'introduirez dès qu'il se présentera, que je sois occupé ou non... Qui m'a encore demandé ?

BICHAT.

Laurent Dalissier !

ROULE.

Laurent Dalissier ! Ah ! que me veut-il ?

BICHAT.

Il ne l'a pas dit, mais il m'a remis une lettre pour M. l'Inspecteur.

ROULE.

Où est-elle ?

BICHAT.

La voici.

ROULE, lisant.

« Monsieur, l'arrêt rendu hier qui me décharge d'une
« accusation infâme est un acte de justice. Mais un devoir
« me reste à remplir. Ma vie entière y sera consacrée :
« Découvrir l'assassin de ma mère et me réhabiliter en la
« vengeant. Dans ce but, veuillez je vous prie agréer mes
« services et les faire agréer par la police. J'ai l'honneur,
« monsieur… » Il est fou… ce garçon est fou… ou bien, il
se moque de nous… Et pourtant… (Au garçon.) A-t-il dit qu'il
viendrait chercher une réponse à sa lettre ?

BICHAT.

Il l'attend… là à côté…

ROULE.

Ah ! Eh bien ! faites entrer… (Le garçon va au fond, ouvre la
porte, fait un signe, Laurent paraît ; le garçon l'introduit et se retire.)

SCÈNE VI

ROULE, LAURENT.

ROULE, assis devant son bureau à Laurent, brusquement
dès qu'il est entré.

J'ai lu votre lettre, elle était au moins inutile.

LAURENT.

Ainsi vous repoussez l'offre que je fais de me mettre au
service de la police.

ROULE.

C'est trop de bonté de votre part. Nous n'avons pas besoin
de vous, nous n'employons pas tout le monde.

LAURENT.

Je ne suis pas tout le monde ; je remplis un devoir sacré
je veux venger ma mère.

ROULE.

Ce sont là des considérations de sentiments qui ne nous

regardent pas. Du reste, qu'est-ce qui vous empêche d'agir de votre côté; quelle nécessité il y a-t-il que vous vous enrôliez dans la police ? Faites des recherches dont vous nous communiquerez les résultats.

LAURENT.

Que puis-je faire seul et livré à moi-même ? Il faut que je sois conseillé, dirigé, commandé : que l'on me montre le but où doit tendre mon activité, sinon je l'emploierai en pure perte.

ROULE.

C'est probable, en effet ; mais je ne puis rien faire pour vous. Si, je puis vous donner un conseil : quand on a obtenu un arrêt comme celui qui vous acquitte, on s'y tient et on n'en demande pas davantage. (Passe.)

LAURENT.

Vraiment! Oh! je ne m'étonne plus que cet arrêt soit sans autorité, puisqu'ici on en fait un tel cas.

ROULE.

Permettez ! je ne le critique pas?

LAURENT.

Non, mais cet arrêt déclare que je suis innocent, et vous me traitez comme un coupable!... Du reste, cet accueil, je le reçois partout ; mais je ne m'y habitue pas, je l'avoue, et quoi que vous me disiez, je ne me résignerai pas à cette situation.

ROULE.

En effet ; elle est gênante.

LAURENT.

Tellement gênante que vous ne pouvez pas la comprendre vous, monsieur.

ROULE.

Pourquoi?

LAURENT.

Il y a des sentiments qui vous échappent.

ROULE.

Vraiment!

LAURENT.

Oui, vraiment. Aussi ne vous peindrai-je pas mes tortures. Ce serait peine perdue. Mais au moins, par amour-propre, je voudrais à votre place, monsieur, savoir à quoi m'en tenir décidément sur cette affaire de la rue Cardinet, qui vous a si longtemps occupé. Je voudrais savoir qui a raison, de la police qui m'a arrêté, de la justice qui m'a traîné en cour d'assises, ou du jury qui m'a acquitté. Vous ne le savez pas, vous doutez!

ROULE.

Continuez donc.

LAURENT.

Oui, je continue. Et pendant ce temps, étudiez-moi, voyez si je joue bien mon rôle, s'il n'y a pas un geste faux, un accent qui détonne, si je me moque bien de vous, car il ne faut pas vous le dissimuler, il y a quelqu'un qui se moque de vous en ce moment. Et ce quelqu'un-là, c'est peut-être moi, je suis si exigeant ! Je me serai dit: ce n'est pas assez d'être acquitté ; il faut tromper l'opinion publique, après avoir joué le jury ; il faut jouer la police elle-même, et la lancer sur la piste d'un prétendu assassin.

ROULE.

Peut-être...

LAURENT.

Oui, mais peut-être aussi, tandis que nous sommes là tous deux : moi implorant vengeance et vous m'écoutant avec ce sourire sardonique... peut-être y a-t-il quelque part, je ne sais où, un misérable qui s'applaudit du succès de sa ruse.

ROULE.

Oui, je sais, c'est votre système de défense.

LAURENT.

Et vous n'en avez pas été frappé?

ROULE.

Il était bon, puisqu'il a réussi.

LAURENT.

Il était sincère, il était vrai, monsieur ! Enfin ! que décidez-vous?

ROULE, *brusquement.*

Vous avez fait votre droit, vous ? Eh bien ! mettez-vous
vocat, vous réussirez, je vous en réponds !

LAURENT.

De l'ironie ?.., Oh ! monsieur...

ROULE, *éclatant et se levant.*

Mais enfin, qu'est-ce que vous me voulez, voyons ! Avez-
vous juré de me tourmenter, de vous moquer de moi jusqu'au
bout ? Eh ! bien ! (Passe.) Soyez satisfait ! Oui ! c'est vrai, je
doute, je ne sais pas à quoi m'en tenir sur votre compte. Ces
nouvelles recherches que vous venez me demander, je les ai
ordonnées moi-même avant que vous m'en ayez parlé... Là !
êtes-vous content ? Est-ce assez risible ?... Oui, il y a six
mois que je vous espionne et je vous étudie : pendant l'instruction de votre procès, à l'audience, depuis votre mise en
liberté, en ce moment même ! Et je n'ai pas su lire dans vos
yeux ce que vous êtes ! et il ne se passe pas de jour sans que
je me demande avec une sorte d'angoisse si vous êtes le plus
habile des gredins ou bien le plus malheureux des hommes !

LAURENT, *s'élançant vers lui.*

Ah ! monsieur, je ne vous connaissais pas...

ROULE, *l'écartant.*

Ah ! mais non, assez de triomphe comme ça pour aujour-
d'hui. Il ne faut abuser de rien. (Entendant la porte s'ouvrir, au
garçon de bureau qui paraît.) Qu'est-ce que c'est ?

LE GARÇON.

M. Torin.

ROULE.

Faites entrer !... (A Laurent.) Restez !

SCÈNE VII

ROULE, LAURENT, TORIN.

ROULE, *allant à Torin et le conduisant à l'écart.*

Te voilà libre. Qu'as-tu fait pendant ces quinze jours de
prison ?

TORIN.

J'ai fait parler Patinç.

ROULE.

Bravo ! Eh bien ?

TORIN.

Eh bien ! Dacolard et Lubin étaient à Batignolles le jour de l'assassinat de madame Dalissier.

ROULE.

Tu en es sûr ?

TORIN.

Entièrement sûr ! (Torin remonte.)

ROULE, s'éloignant de lui avec colère et se parlant à lui-même.

Allons ! ça y est ! Et moi qui n'ai pas compris cela... Ah! vous m'avez fourré dedans, mes drôles !... C'est bien, c'est de bonne guerre ; mais j'aurai ma revanche, je vous le jure !... Et nous verrons qui rira le plus fort... Chacun son tour... (A Torin.) Où sont-ils maintenant ?

TORIN.

A Meulan...

ROULE.

Que font-ils là?

TORIN.

Sous les noms de Boulignon et de Loudorier ils dirigent une troupe de saltimbanques.

ROULE, revenant à Torin.

C'est bien. Tu peux t'en aller... merci... Je ferai un bon rapport sur toi.

TORIN, s'éloignant.

Merci, monsieur Roule.

SCÈNE VIII

ROULE, LAURENT.

ROULE, s'avançant vers Laurent.

M. Dalissier !

LAURENT.

Monsieur ?

ROULE.

Je vous demande pardon de tout le mal que je vous ai fait.

LAURENT, étonné.

Que dites-vous ?

ROULE.

Je dis que je me suis grossièrement trompé à votre égard. Mais soyez tranquille, je ne suis pas homme à m'en tenir aux regrets et aux excuses, je réparerai ma faute.

LAURENT.

Vous connaissez l'assassin ?

ROULE.

Les assassins peut-être, oui, je crois les connaître.

LAURENT.

Mais alors...

ROULE.

Parbleu; je puis les faire arrêter, mais pour les faire condamner, il me faut des preuves matérielles, car nous avons à lutter contre d'habiles coquins.

LAURENT.

Des preuves ! j'en aurai, Monsieur, j'en aurai, dites-moi où je trouverai ces misérables ?

ROULE.

C'est mon affaire.

LAURENT.

C'est encore plus la mienne que la vôtre. Ne comprenez-vous pas que j'ai soif de vengeance et ne voulez-vous donc pas réparer le mal que vous m'avez fait involontairement ?

ROULE.

Oui... je vous comprends (Avec tristesse.) J'ai passé par là.

LAURENT.

Vous dites ?

ROULE.

Rien. Alors vous maintenez la lettre que vous avez écrite ?

LAURENT.

Plus que jamais !...

ROULE.

Vous voulez entrer dans la police ?

LAURENT.

Pour un cas particulier et pour un temps déterminé, oui.

ROULE.

Ah ! permettez... une fois que vous y serez entré, savez-vous si vous en sortirez ?

LAURENT.

Comment !

ROULE.

Eh ! monsieur, j'y suis entré moi, comme vous voulez le faire aujourd'hui.

LAURENT.

On vous avait tué quelqu'un que vous aimiez ?

ROULE.

On m'avait volé ma fille ! (Parlant avec une sorte d'égarement). Une enfant de trois ans, belle comme un ange, je l'adorais... je n'avais plus qu'elle au monde, je venais de perdre sa mère... Elle sortait toujours avec moi, je n'étais pas riche, je n'avais pas de bonne. Je la menais promener tous les jours, lorsqu'on me donnait une heure à mon bureau. Un soir, il y a vingt ans de cela... c'était sur le boulevard Saint-Martin... il y avait beaucoup de monde dans les rues ce soir-là... C'était fête... fête, mon Dieu ! Elle me tenait par la main... et elle me parlait... Ah ! quel délicieux petit langage... Tout-à-coup, je rencontre un vieil ami d'enfance que je n'avais pas vu depuis longtemps, il s'élance dans mes bras... je l'embrasse... Pendant une seconde, j'oublie ma fille... quand je me retourne, elle n'est plus à mes côtés... elle n'est plus là, comprenez-vous ? Je regarde... je cherche... j'interroge... je cours... personne ne l'avait vue... personne ne peut me renseigner. Ah ! j'étais fou... j'étais fou... ce qu'il y a de plus terrible dans ces moments-là, c'est qu'on ne sait que faire... on ne sait où aller... Enfin, après plusieurs heures de recherches, je

cours à la Préfecture... on eut pitié de mes pleurs... on mit
en campagne dix agents... Ils ne trouvèrent pas ma fille...
Peut-être cherchèrent-ils mal, peut-être n'étaient-ils pas
pères... Quinze jours... un mois s'écoulèrent... Je cherchais
toujours... Je n'allais plus à mon bureau... on me congédia...
Il fallait manger... il fallait vivre pour la retrouver... Je
retournai à la Préfecture et je leur dis: Prenez-moi, donnez-
moi une place dans votre service actif... C'est un misérable,
une canaille, un monstre, qui m'a pris mon enfant... lancez-
moi sur les traces de vos misérables, de vos canailles, de vos
monstres... peut-être trouverai-je au milieu d'eux mon cher
petit ange... On m'accepta, on me mit dans le service de la
sûreté... je parcourus tous les bouges de Paris et de la
province...

LAURENT.

Et vous ne l'avez pas retrouvée ?

ROULE.

Je l'ai retrouvée malade, épuisée et elle est morte quelque
temps après. (Changeant de ton.) C'est ainsi que je suis de la
police, monsieur, j'y étais entré comme vous voulez le faire,
pour un temps déterminé, j'y suis resté.

LAURENT.

Eh bien ! j'y resterai jusqu'au jour où j'aurai trouvé le
meurtrier de ma mère.

ROULE.

Soit... mais je veillerai sur vous... je ne veux pas qu'on
vous tue... j'ai des torts à réparer...

LAURENT.

Et moi, monsieur, moi qui vous ai dit que vous n'aviez pas
de cœur.

ROULE.

Oh! vous aviez raison... je l'ai dépensé à pleurer ma fille.

ACTE TROISIÈME

Cinquième Tableau

Intérieur d'une baraque de saltimbanques. — Au fond sur la droite dans
un pan coupé, une de ces grandes voitures qui servent de maisons ambu-
lantes aux saltimbanques. On y arrive par une échelle en bois partant de
la baraque et appuyée contre la voiture. — Dans le pan coupé de gauche,
un grand rideau, remplaçant la porte et permettant aux saltimbanques de
se rendre sur l'estrade ; c'est par cette ouverture qu'on sort aussi sur la
place publique et qu'on vient de l'extérieur. Sur la voiture on lit ces mots :
Le théâtre des familles, sous la direction du célèbre Jacques Boulignon.
À l'étranger ou en province, MM. les directeurs pourraient engager de
véritables saltimbanques ou des danseuses pour ce tableau ; mais leurs
exercices auraient lieu comme à Paris au lever du rideau et sous forme
de répétition. — Lubin assis à gauche et raccommodant un maillot, sur-
veillerait la répétition qu'il interromprait de temps en temps par ces
mots : « Bravo, mes enfants, bravo... répétons... répétons... je compte
sur vos exercices pour la représentation de ce soir. » Les exercices termi-
nés, les autres saltimbanques entrent en scène comme suit :

—

SCÈNE PREMIÈRE

BELLE-ÉTOILE, FILLE-DE-L'AIR, AGÉNOR, PLANCHUT,
SALTIMBANQUES, HOMMES ET FEMMES.

Au lever du rideau, la parade vient de finir et les saltimbanques descendent
de la baraque et entrent en scène en jetant l'un son costume, l'autre sa
perruque, etc.

PLANCHUT, en hercule.

Non, non, il n'en faut plus.

TOUS.

Non, non, il n'en faut plus.

FILLE-DE- L'AIR.

Travailler devant les banquettes.

BELLE-ÉTOILE.

Déployer mes grâces, étaler ma jeunesse dans le vide.

AGÉNOR.

Avoir fait des études sérieuses et classiques pour en arriver là.

PLANCHUT, qui revient au fond après avoir parlé aux autres
saltimbanques.

Ne pas souper encore ce soir. Ah ! mais non, ça ne peut pas durer comme ça.

TOUS.

Non. (Lubin entre.)

SCÈNE II

LES MÊMES, LUBIN.

LUBIN.

Qu'est-ce qu'il y a, mes amis, mes bons amis ? qu'est-ce que vous avez ?

PLANCHUT.

Nous avons... que nous voulons souper.

TOUS.

Oui... Oui...

LUBIN.

Mes enfants, je ne demande pas mieux que de partager la recette avec vous.

PLANCHUT.

Elle est jolie votre recette.

AGÉNOR.

Sauf M. Lumignol, le marchand de bœufs, notre Mécène...

BELLE-ÉTOILE.

Et qui ne vient que pour moi.

FILLE-DE-L'AIR.

C'est-à-dire que c'est pour moi qu'il vient.

BELLE-ÉTOILE.

Pour toi ! Dites donc : elle dit qu'il vient pour elle.

FILLE-DE-L'AIR.

Eh bien oui, après ?

BELLE-ÉTOILE.

Redis-le donc !

AGÉNOR.

Quelle éducation négligée !

LUBIN, aux femmes qui se disputent.

Mes enfants, mes chers enfants, ayez le respect de vous-mêmes, n'oubliez pas que vous êtes des artistes de véritables artistes. Vous ne ressemblez pas à ces vulgaires saltimbanques des baraques voisines. Vous appartenez au grand théâtre des familles dirigé par le célèbre Boulignon et par son associé, Placide Londorier, ici présent.

PLANCHUT, s'avançant.

Oui, tu nous flattes, mais moi je ne travaille pas ce soir.

LUBIN.

Et pourquoi, mon ami Planchut, pourquoi ?

PLANCHUT.

Parce que je ne touche pas de monaco et que j'en ai assez de ta boîte.

AGÉNOR, s'avançant.

Je ne saurais approuver le langage de monsieur. C'est trivial. Néanmoins je suis de son avis quant à la question d'appointements. Elle est en souffrance depuis trop longtemps.

BELLE-ÉTOILE.

Évidemment ; et, si j'avais su, je n'aurais pas, pour venir ici, quitté le Conservatoire.

FILLE-DE-L'AIR.

Ni moi, l'Académie Impériale de musique.

PLANCHUT, au fond, aux saltimbanques.

Nous voulons être payés.

TOUS LES SALTIMBANQUES.

Oui, oui...

LUBIN, à part.

Ah ! mais, c'est une conspiration ! et Dacolard qui ne revient pas les mettre à la raison. Il faut cependant que la représentation ait lieu pour nous créer un alibi si nous opérons ce soir, à la ferme des Champeaux. (Tous les saltimbanques qui étaient remontés au fond ou sortis par la droite, rentrent en scène bruyamment.)

TOUS.

Bravo ! Bravo !

LUBIN, se retournant.

Qu'est-ce qu'ils ont donc maintenant ?

TOUS.

Vive le père Lumignol !

LUBIN, à lui-même.

Ah ! c'est Lumignol, le marchand de bœufs...il va faire diversion... nous sommes sauvés. (Roule, sous les traits de Lumignol en blouse, et une canne à la main, entre, escorté pas les saltimbanques.)

SCÈNE III

LES MÊMES, ROULE, portant un panier de vin.

ROULE.

Bonjour, les enfants, bonjour la p'tite mère, et comment qu'ça va-t-il à c'matin, hein ?

BELLE-ÉTOILE.

Vous êtes bien bon, monsieur Lumignol, ça va comme vous voyez.

ROULE, lui prenant la taille.

Oh ! bien alors, nom d'une corne, ça boulotte... car vous êtes rudement asticotante.

BELLE-ÉTOILE, minaudant.

Eh bien ! eh bien ! monsieur Lumignol. (A Fille-de-l'Air.) Tu vois bien que c'est pour moi qu'il vient.

ROULE.

Eh bien, et c'te mignonne-là aussi.

FILLE-DE-L'AIR.

Ah !

ROULE.

C'est pour toutes les deusses. Ah! vous savez, moi, j'vous l'envoie pas dire... Franc comme l'or.

PLANCHUT.

En voilà un homme qui me va.

ROULE, montrant les bouteilles.

Eh ben, mes fieux, eh ben, mes fieux, pour qui donc que j'ai apporté ces d'moiselles-là, hein?... C'est-y pas pour trinquer avec vous.

AGÉNOR, prenant une bouteille et buvant.

Ah ! quelles habitudes déplorables!

TOUS.

Bravo, bravo, à la santé de Lumignol.

LUBIN, s'approchant de Roule.

Eh! bonjour, cher monsieur Lumignol!

ROULE, lui tapant sur le ventre.

Tiens, c'est le petit père Londorier... Ça va bien, à c'matin... J'espère que vous allez trinquer avec nous. Allons, voyons, un verre pour le p'tit père Londorier.

LUBIN.

Non, non, merci, je ne bois que du lait.

ROULE.

C'est donc comme les vipères de cheu nous. (Il rejoint les artistes et après avoir trinqué avec eux, s'étend à droite, au premier plan, sur une paillasse ou sur de la paille.)

FILLE-DE-L'AIR, suivie de Belle-Étoile, rejoignant Agénor qui a une bouteille d'une main et un verre de l'autre et ne cesse pas de boire.

Vous allez bien, vous!

BELLE-ÉTOILE.

Vous vous soignez.

AGÉNOR.

C'est ainsi que j'oublie ma vie passée... Ma déchéance... Quand je pense que je suis né...

FILLE-DE-L'AIR.

Oui... oui... connu...

BELLE-ÉTOILE.

Nous savons...

LUBIN, regardant autour de lui.

Oh ! oh ! le père Lumignol s'est endormi, le voilà installé. Pas de ça. Il n'est pas dangereux, j'ai de bons renseignements sur lui, mais Dacolard n'entendrait pas de cette oreille-là, je vais le prier de filer. (Il se dirige vers Roule qui est étendu et paraît endormi.)

LUBIN.

Voyons, monsieur Lumignol, monsieur Lumignol !

ROULE.

Hein ? quoi ?

LUBIN.

Il est temps de vous retirer, mon ami.

ROULE.

Ne touchez pas ou je cogne.

LUBIN.

Inutile de s'exposer... La force c'est pas mon affaire. (Appelant.) Planchut ?

PLANCHUT, s'avançant.

Qué que vous voulez ?

LUBIN.

En votre qualité d'Hercule je vous ordonne de jeter monsieur à la porte.

PLANCHUT.

Un homme qui paie à boire, jamais. (Rejoignant les saltimbanques.) Qué qu'vous dites de ça, vous autres... On veut que je jette à la porte M. Lumignol...

TOUS.

Non, non...

PLANCHUT, revenant à Lubin.

Vous le voyez, le peuple s'y refuse, et puis je vous le répète, j'en ai assez de votre cambuse, il me faut de l'argent. Ça ne peut pas durer comme ça.

TOUS.

Non, ça ne peut pas durer comme ça. (Grand mouvement, cris, murmures.

SCÈNE IV

Les Mêmes, DACOLARD.

Il descend l'escalier de la voiture, embrasse la scène d'un coup d'œil et s'élance au milieu des saltimbanques à qui il distribue des coups de pied et des coups de poing au hasard ; tous s'éloignent sur la droite et sur la gauche, laissant Dacolard au milieu.

DACOLARD, regardant autour de lui.

Les artistes qui ne sont pas contents des à-comptes que je viens de leur donner, je vais les régler... La caisse est ouverte : Tas de feignants, vous n'avez pas honte : faire du chagrin à un ami, à un frère, à la crème des directeurs... Vous savez pourtant bien que je ne fais pas un radis, que j'ai eu des malheurs.

AGÉNOR, à gauche s'avançant et se frottant les côtes.

Monsieur, votre procédé me touche, néanmoins...

DACOLARD, avec dignité.

C'est bien, monsieur, c'est bien, demain vous serez soldé.

PANCHUT, à droite s'avançant.

Oui, demain, mais d'ici là...

DACOLARD.

Oh ! toi, espèce d'Hercule d'occasion, ne fais pas le malin, tu sais que t'as laissé ta force au vestiaire. (Rejoignant Lubin au premier plan sur la gauche.) Eh bien, les voilà calmés.

LUBIN.

Toujours par la douceur, et dire qu'il n'y a que ce moyen-là de mener les hommes.

DACOLARD.

C'est bien, pas de politique. (Aux saltimbanques qui se tiennent silencieux au fond.) Allez vous nipper pour la représentation. (Ils sortent. Rejoignant Lubin.) As-tu des nouvelles de Patine ?

5.

LUBIN, bas.

Aucune... il devait être ici à sept heures... je croyais que tu l'amenais avec toi.

DACOLARD.

S'il ne vient pas, tu sais que je fais tout de même le coup, à la ferme des Champeaux.

LUBIN.

Y penses-tu ?... Et mon plan, il faut être trois pour l'exécuter... Je n'opère qu'à trois.

DACOLARD.

Tant pis... J'en suis fâché, il s'agit de mille écus, je ne les laisserai pas échapper... j'en ai besoin, il me les faut pour arroser mes artistes demain, et qui sait, peut-être, pour retourner en Italie... Dans ce pays on végète... Fais commencer la parade, je vais y paraître... pour me créer un alibi en cas de besoin.

LUBIN, s'éloignant.

Tu penses à l'alibi aussi, toi... Tiens, tu n'es pas trop bête pour un homme d'action, tu profites de mes conseils.

DACOLARD.

Pourquoi pas, quand ils sont bons ! (Apercevant Roule étendu et appelant.) Londorier !

LUBIN, accourant.

Quoi ?

DACOLARD, bas montrant Roule.

Qué qu'c'est qu'ça ?

LUBIN, bas.

Tu sais bien... cet imbécile... Lumignol,... l'amoureux de Belle-Étoile... celui qui assiste depuis huit jours à toutes nos représentations.

DACOLARD.

Tu lui as permis de s'introduire ici, toi ? J'aime pas ça, ça peut déranger nos dames et les mœurs en souffrent... Tu ne te méfies pas de lui ?

LUBIN.

De lui ? Tu ne l'as donc pas regardé ? Un agent ne par-

viendrait jamais à avoir l'air si bête... Du reste... il est
connu depuis dix ans dans le pays... c'est un marchand de
bœufs... je l'ai rencontré hier sur la place avec ses animaux.

DACOLARD, cessant de l'examiner.

Ça ne fait rien... il vaut mieux se méfier. La méfiance, c'est
une de nos nombreuses vertus. (Il s'approche de Roule et le pousse
du pied.) Eh ! l'homme !

ROULE, paraissant se réveiller.

Hein ?... Quoi ?

DACOLARD.

Qu'est-ce que tu fais là ?

ROULE.

Je fais mon somme... ne m'asticotez point.

DACOLARD, le soulevant.

Allons ! sur tes pattes... et plus vite que ça...

ROULE.

Je vous dis de ne pas m'asticoter.

DACOLARD, le tirant à lui.

Moi, je te dis de te lever.

ROULE, sur ses jambes.

Eh ! ben ! me voilà, que veux-tu ? (Leurs regards se croisent.)
As-tu bientôt fini de me regarder ?

DACOLARD, le lâchant.

Oui.

LUBIN, bas à Dacolard.

Eh bien ?

DACOLARD.

Je ne sais pas, je ne l'ai pas reconnu... C'est égal... il est
entré ici, faut pas qu'il en sorte, nous le surveillerons. S'il
bouge, j'en fais mon affaire. Allons, maintenant à la parade...
Va faire une annonce au public.

LUBIN.

Que lui dirai-je ?

DACOLARD, montant l'escalier qui conduit à la voiture.

Dis-lui que le célèbre Boulignon, directeur du théâtre des
familles, demande cinq minutes pour paraître devant lui avec

tous ses avantages physiques, moraux, gratuits et obliga-
toires.

SCÈNE V

LUBIN, ROULE, LAURENT.

LUBIN, à lui-même.

Diable, si Patine n'arrive pas... Dacolard opérera tout
seul comme il le dit... Ah! ces hommes d'action... (Se retournant, il aperçoit Laurent qui, en costume moitié ouvrier, moitié vagabond,
vient de soulever le rideau.) Qu'est-ce qu'il veut celui-là? (Haut.)
Eh! dites donc, vous, c'est pas par ici qu'on entre... C'est le
foyer des artistes.

LAURENT, descendant.

C'est donc pas ici que demeure Dacolard?

LUBIN, étonné et se remettant.

Dacolard, connais pas! C'est ici la demeure privée de
Jacques Boulignon, directeur du théâtre des familles.

LAURENT.

Justement; Dacolard ou Boulignon, c'est la même chose.
Où est-il? J'ai à lui parler.

LUBIN.

Parlez, jeune homme; c'est moi, Boulignon.

LAURENT, le toisant du regard.

Toi?... As-tu fini!... Je n'ai pas l'honneur de connaître
Dacolard, mais, d'après le portrait que m'en a fait Patine,
ça ne peut pas être un astèque de ton espèce... A d'autres!
(Il se dirige vers la voiture.)

LUBIN, s'approchant.

Quel est ce monsieur dont vous venez de prononcer le
nom?

LAURENT.

Dacolard?

LUBIN.

Non... l'autre... Mâtine... Palatine?...

LAURENT.

Ah! ah! ça t'a fait dresser l'oreille. Tu le connais celui-là!

LUBIN.

Moi, pas du tout. C'est pour savoir.

LAURENT.

Ah! ça, et toi, est-ce que tu ne serais pas par hasard? (L'examinant de la tête aux pieds.) Mais oui! c'est bien ça!... Vieux farceur... Bonjour, Lubin!... Patine m'avait bien dit que je te trouverais ici.

LUBIN.

Vous vous trompez. Je ne suis qu'un pauvre saltimbanque, Londorier, engagé dans cette troupe en qualité de régisseur.

LAURENT.

Ah! tu me fais poser à la fin! J'avais quelque chose à te dire, je ne te le dirai pas.

LUBIN.

Mais cependant je serais bien aise de savoir...

LAURENT.

Va chercher Dacolard, si tu veux que je parle. (Il s'assied sur une malle près de l'endroit où Roule est toujours étendu.)

LUBIN, à part.

Diable! Est-ce qu'il viendrait vraiment de la part de Patine? (Il va au fond, gravit l'escalier, appelle Dacolard qui paraît à la porte et lui parle bas.)

SCÈNE VI

Les Mêmes, DACOLARD.

DACOLARD, après avoir écouté Lubin.

C'est bon. (Il marche vers Laurent, tandis que Lubin s'assure que Roule est endormi. Arrivé à Laurent.) Comment t'appelles-tu?

LAURENT.

Paul Simonin.

DACOLARD.

Connais pas. Tu viens de la part de Patine?

LAURENT.

Oui.

DACOLARD.

Pour me dire... quoi?

LAURENT.

Que Patine est bouclé pour son affaire de Puteaux.

DACOLARD.

Après?

LAURENT.

Après, qu'il existe dans cette baraque un autre luron qui se croit bien en sûreté et qui est menacé de la danser en même temps que lui.

DACOLARD.

C'est tout?

LAURENT.

Non... c'est pas tout... (L'attirant à part.) Il paraît que vous mijotez pour ce soir une autre affaire dont Patine doit être. Un château, une ferme à piller, je ne sais quoi. Eh bien, la police sait que Patine a fait pendant longtemps partie de votre troupe, elle doit vous surveiller, je viens vous dire de prendre garde.

DACOLARD.

Vraiment. (Après l'avoir regardé.) D'abord, bel enfant, tu sauras qu'en franche pègre, on se tutoie. Ensuite, tu es un paysan comme moi avec ta blouse et ta frimousse qui n'ont pas seulement eu le temps de faire connaissance ensemble.

LAURENT.

Certainement, je me suis déguisé pour venir ici.

DACOLARD.

Déguisé! Tu es un messire de la haute, décidément.

LAURENT.

Qu'est-ce que tu me chantes, avec ton messire de la haute?

DACOLARD.

Rien. Seulement, bel enfant, je ne serais pas fâché de connaître l'adresse de ton tailleur pour lui écrire de venir me prendre mesure.

LAURENT.

Tu m'ennuies avec tes questions. Est-ce que par hasard je serais ici à confesse?

DACOLARD.

Pourquoi pas! Tu as plutôt l'air, mon fiston, il faut te le dire franchement, de vouloir nous moutonner que de déboucler des amis.

LAURENT.

Qu'est-ce que cela signifie?

DACOLARD.

Ah!... tu ne dévides pas le jars?

LAURENT.

Belle avance! avec cela que la police ne le dévide pas ton jars, comme tu appelles ça. Voyons qu'est-ce que tu me reproches?...

DACOLARD.

D'être un agent, pardieu! Comprends-tu?

LAURENT.

Ah! elle est bonne celle-là!... Si j'étais un agent, qu'est-ce qui m'empêcherait de te laisser faire cette nuit ton mauvais coup et de te pincer... (Haussant les épaules.) Ah! tiens! tu es vraiment trop bête.

DACOLARD,

Tu dis?

LAURENT, le regardant fixement.

Je dis que t'es bête...

LUBIN, arrêtant Dacolard qui va lever le bras.

Il a raison... Ces messieurs t'auraient laissé opérer...

DACOLARD.

Ça ne fait rien... je te dis que c'est un agent, je le sais, je le sens, et il faut que ça finisse. (Il tire un couteau.)

LUBIN.

Ah! pas de violence, Dacolard, pas de violence, tu sais que les querelles me font mal, je suis si impressionnable!

DACOLARD.

Allons, arrière, poule mouillée. (S'avançant vers Laurent.) A nous deux.

LAURENT, tirant un couteau de dessous sa blouse.

A nous deux! soit!

LUBIN.

Du sang ! Il va y avoir du sang! Ah ! je n'aime pas cela. Ça se voit. (Il s'éloigne au fond. Dacolard et Laurent s'étudient un instant et se menacent. Au moment où ils vont s'élancer l'un sur l'autre, Roule se lève comme s'il était réveillé par le bruit.)

ROULE.

Qu'est-ce qu'il y a? On ne peut donc pas faire son somme ici... Tiens, on se cogne!... Voyons ça... (Il s'avance en trébuchant et va se placer entre les combattants.)

DACOLARD.

Ah! tu t'en mêles, toi ! Est-ce que décidément tu en serais aussi?

ROULE.

J'sais pas... j'sais seulement que quand on cogne devant un marchand de bœufs, il faut qu'il s'cogne aussi.

DACOLARD.

Eh ! bien. J'vas vous faire votre affaire à tous les deux.

LUBIN, à Dacolard.

La police va venir!

DACOLARD.

La police... En avant la musique. (Il court au fond, fait un signe au dehors et on entend aussitôt le bruit de la parade, grosse caisse et trombone qui jouent pendant toute cette scène, piano lorsqu'on parle, crescendo, lorsqu'on lutte.)

ROULE, bas et vite à Laurent qui s'apprêtait à le défendre.

Ne me défendez pas... Attaquez-moi. (Allant à la rencontre de Dacolard qui revient à lui et brandissant sa canne.) A nous deux !

DACOLARD.

A nous deux.

LUBIN, au fond sur l'escalier, parlant au dehors.

Ferme!... ferme!... la grosse caisse. (Après une lutte d'une minute, Roule, d'un coup de canne, sur le poignet de Dacolard, fait sauter le couteau que celui-ci tenait à la main et lève sa canne comme s'il allait l'assommer.)

LAURENT, détournant la canne et s'élançant par derrière sur Roule.

J'en suis aussi, moi!

ROULE.

Ah! gredin. (Il se retourne.)

DACOLARD.

Comment! il me défend... Je m'étais donc trompé. (Il revient sur Roule.)

LAURENT, à Dacolard.

C'est ça, tiens bon... terrassons-le... Qu'est-ce que tu cherches?

DACOLARD.

Mon couteau pour le tuer.

LAURENT.

A quoi ça sert-il? Qu'est-ce que ça te rapportera?

LUBIN, qui est venu du fond et qui reste sur les marches de la voiture.

De mauvaises affaires, voilà tout, et puis, méfions-nous, il y a des gendarmes parmi les spectateurs.

DACOLARD, à Laurent.

Tiens-le bien, que je cherche une corde. (Il court au fond.)

ROULE, bas à Laurent.

Vous êtes dans la place. Ne vous occupez plus de moi. (Dacolard revient et aidé de Laurent, il attache Roule avec sa corde, le bâillonne et le jette à droite sur la paille.)

LAURENT, à Dacolard lorsqu'ils ont fini.

Eh bien! voyons, doutes-tu encore de moi?

DACOLARD, l'entraînant à gauche.

Tu viens de me sauver la vie... Voyons, est-ce que tu serais un vrai fanandel, toi?

LAURENT.

Certes!

DACOLARD.

Et l'ami de Patine?

LAURENT.

Mais, animal, si je n'étais pas son ami, comment saurais-je qu'il avait rendez-vous ce soir avec toi, pour piller la ferme des Champeaux... Tiens, le nom me revient.

LUBIN.

C'est évident... Patine seul, connaissait nos projets.

DACOLARD, à Laurent.

C'est vrai. (Lui tendant la main.) Tope.

LAURENT.

Je veux bien.

DACOLARD.

Maintenant, suis-moi, je vais te présenter à mon public idolâtre. (Il entraîne Laurent.)

LUBIN, à Dacolard, montrant Roule.

Eh ben, et celui-là?

DACOLARD.

Je m'en charge. (Il sort avec Laurent et suivi de Lubin, par la portière de gauche. Puis la scène reste vide un instant. On voit apparaître l'hercule Planchut qui soulève la portière par laquelle est sorti Dacolard. Il regarde autour de lui, craintivement, tire un couteau de sa poche, s'avance vers Roule, toujours étendu, s'agenouille devant lui et au moment où l'on croit qu'il va le tuer, il coupe brusquement les cordes avec son couteau.)

ROULE, se levant, à Planchut.

Merci, mon vieux Malakoff. Veille toujours; tu me réponds de ce garçon-là! (Il disparaît pendant que le bruit de la parade, qui n'a pas cessé, redouble.)

____

ACTE QUATRIÈME

Sixième Tableau

Intérieur d'un café d'ordre inférieur, à Belleville ou dans la banlieue. — Au fond porte vitrée ouvrant sur la rue. — A droite au pan coupé, porte conduisant dans le billard. — Au milieu de la scène un grand poêl rond. — A droite et à gauche des tables et des chaizes, aux murs des râteliers de pipes et une affiche écrite à la main sur laquelle on lit ces mots : Pulchérie chantera ce soir.

—

SCÈNE PREMIÈRE

ÉMERY, debout près du poêle. — LUBIN, costumé en vieux bourgeois, habit rapé, lunettes vertes , assis à droite du 1er plan entre le mur et la table et lisant un journal. — UN GARÇON. — Divers consommateurs assis devant les tables du second plan.

ÉMERY, reposant sur la table un verre de liqueur.

Quelle jolie société ! Et dire que c'est moi, Émery Suchapt, qui viens me déclasser de la sorte dans ce mauvais café chantant de banlieue. Et tout ça parce que depuis le procès Dalissier, cette Pulchérie ne me sort pas de la tête... Enfin ! voyons, va-t-elle venir ? Quelle heure est-il ? (Il cherche dans son gousset.) Ah ! j'oubliais, je n'ai plus ma montre, elle est en dépôt chez une de mes parentes, très-proche, la sœur de papa. Il ne me reste que la chaîne cousue à la poche de mon gilet. On croit que la montre est au bout. Pas du tout. C'est ainsi que je sauve les apparences, que je cache ma panne... A quelle extrémité suis-je réduit ! C'est belle-maman

qui me vaut ça... elle a conseillé de me couper les vivres...
c'est belle-maman qui m'envoie chez ma tante.

LUBIN, appelant un garçon qui passe. Accent allemand

très-prononcé.

Garçon !

LE GARÇON, s'approchant.

Voilà ! Voilà !

LUBIN.

Personne ne m'a demandé, dans le café du fond ?

LE GARÇON.

Personne, monsieur.

LUBIN.

Vous savez bien mon nom ?

LE GARÇON.

Isaac Robin, oui, monsieur.

LUBIN.

C'est ça. Ne l'oubliez pas je vous prie... et redonnez-moi
une seconde bavaroise au lait, avec un petit flacon de fleur
d'oranger.

LE GARÇON.

Très-bien, monsieur... (Il va pour s'éloigner.)

ÉMERY, l'appelant.

Garçon...

LE GARÇON.

Voilà ! voilà... (Il s'approche.)

ÉMERY, montrant un papier qu'il tient à la main.

Voyons, garçon, entre nous, est-ce sérieux votre prospectus ?

LE GARÇON.

Très-sérieux... monsieur.

ÉMERY.

Pulchérie, de l'affaire de la rue Cardinet, dira des chan-
sonnettes, ce soir, dans ce café !

LE GARÇON.

Oui, monsieur : elle a été malade, sans quoi les représen-

tations auraient commencé depuis huit jours. Ce retard nous
a fait perdre bien de l'argent.

ÉMERY, s'approchant de la table de gauche 1er plan.

Croyez-vous qu'il me soit agréable, à moi qui passe toutes
mes soirées ici depuis une semaine...... pour rien. Ce café
est très-distingué, très-distingué, mais je préfère Tortoni.
(Tout en parlant il a appuyé ses mains sur la table. Il les retire vivement
avec un geste de dégoût.) Vous devriez bien essuyer vos tables.

LE GARÇON.

C'est pas la peine, il y en aura autant tout à l'heure.

ÉMERY, montrant ses mains poissées.

Non, il y en aura moins ! Dites-moi donc : votre patron
entend joliment la réclame... Cette exhibition est renouvelée
de Nina Lassave.

LE GARÇON.

Oh ! oui, monsieur, c'est une bonne idée ; ça attire beaucoup de monde.

LUBIN, à sa table.

Garçon !

LE GARÇON, le rejoignant.

Voilà, voilà.

LUBIN.

Recevez-vous le Musée des familles ?

LE GARÇON.

Non, monsieur, non.

LUBIN.

Et le Foyer domestique, organe des mères ?

LE GARÇON.

Non, monsieur, non, nous ne tenons pas ça ici... ça serait
d'un placement difficile.

LUBIN.

Ah ! c'est dommage ! c'est vraiment dommage ! c'est ma
lecture favorite.

ÉMERY, essuyant la table avec une serviette qu'il a prise sur le
poêle. A part.

Si belle-maman me voyait... Je ne pourrai peut-être pas

parler à Pulchérie... si je lui écrivais... Oui, c'est ça... (Appelant.) Garçon !

UN CONSOMMATEUR, à droite se levant à son compagnon.

Je te fais quinze points.

LE GARÇON.

Voilà ! Voilà !

ÉMERY.

Tout ce qu'il faut pour écrire.

LE GARÇON.

Voilà ! Voilà !

Pendant que le garçon va chercher du papier et des plumes, et les remet à Émery, la porte qui donne sur la rue au fond s'ouvre et Roule paraît déguisé en Anglais, énormes favoris roux, perruque rousse, etc.

SCÈNE II

LUBIN, ÉMERY, ROULE, Le Garçon.

LUBIN, à lui-même regardant Roule à la dérobée.

Dacolard ! Superbe ! Si je ne l'avais pas habillé moi-même, je ne l'aurais pas reconnu.

ROULE, accent anglais très-prononcé.

Gâcheun ! gâcheun !

LE GARÇON, s'approchant.

Voilà ! voilà !

ROULE.

Le maîtresse à la parricide Dalissier, jé né voyé pas.

LE GARÇON.

Mademoiselle Pulchérie, elle va venir dans un moment.

ROULE.

Jé attendé impatiemment l'exhibicheune. (Il s'assied à la table de gauche.)

LUBIN, à part.

Quel accent ! comme il est réussi.

ÉMERY, assis à la table de gauche.

Il vient aussi pour Pulchérie... attention !

                    LE GARÇON, à Roule.
Que faut-il servir à Monsieur ?
                         ROULE.
Un grog.

                    LE GARÇON.
Chaud ou froid ?
                         ROULE.
Tempéred... tempéred... véry tempéred.
                    LE GARÇON, s'éloignant.
Bien ! très-bien !

                    LUBIN, à part admirant Roule.
Superbe ! mon élève est superbe !
                    ROULE, à part.
Si tu crois que je ne te reconnais pas, imbécile.
          ÉMERY, s'asseyant à la table de Roule sur une banquette
                    entre le mur et la table.
Monsieur ? (Il salue.)
                    ROULE, saluant.
Sir...

                    ÉMERY.
Voulez-vous me permettre de m'asseoir à votre table ?
                         ROULE.
Yes ! sir.

                    ÉMERY.
D'après ce que je vois, vous êtes ici, comme moi, pour
mademoiselle Pulchérie.

                         ROULE.
Le maîtresse à la parricide Dalissier... yes... yes... Sir.
                    ÉMERY.
Elle est très-jolie...

                         ROULE.
Oh ! jé né fais attentionne à ces chosses là... Beautiful ou
non Beautiful it is pour moâ the sème chosse. You not understand ?...

                    ÉMERY.
Comment ?

ROULE.

You not understand ?

ÉMERY.

Vous dites?

ROULE.

Vô né comprenez pas ?

ÉMERY.

Non, je l'avoue, je ne comprends pas.

ROULE.

Voici la chosse... Je collectieune par toute l'Europe lé épéves diou crime... je avé déjà le chapeau dé Dumolard et le maouchoir dé Troppmann. Jé voudré collectieuné aussi le maîtresse à la parricide Dalissier...

ÉMERY.

Ah! mais... Ah! mais... c'est ennuyeux ça...

ROULE.

Vô volé aussi le maîtresse à la parricide?

ÉMERY.

Yes, yes. (A part.) Bon je parle anglais maintenant.

ROULE.

Je regrette beaucoup... mais je collectieune.

ÉMERY, à part.

Dépêchons-nous... cet Anglais est capable de me devancer avec sa manie de collectieune. (Il s'installe pour écrire à la table de Roule.)

LUBIN, à part, admirant toujours Roule.

Jamais je n'aurais cru qu'il pût être aussi complet. (La porte qui donne sur la rue s'ouvre et Dacolard paraît. Il est déguisé en Anglais, en tous points semblable à Roule.)

SCÈNE III

LES MÊMES, DACOLARD.

DACOLARD, sur le seuil de la porte, jetant un coup d'œil dans la salle et apercevant Roule.

Tiens!

LUBIN, étonné.

Ah !

ÉMERY, stupéfait à Roule, montrant Dacolard.

C'est monsieur votre frère ?

ROULE.

No... oh !... no !

DACOLARD, qui s'est assis à la table de droite premier plan,
où se trouve déjà Lubin, appelant.

Gâcheune...

LUBIN, à part.

C'est Dacolard ! quel est donc l'autre ?

ÉMERY, écrivant.

« Je vous aime, Pulchérie, je vous aime depuis le jour...»
(Il continue à écrire.)

LE GARÇON, entrant et allant à Roule.

Monsieur m'appelle !...

ROULE.

No... oh ! no...

DACOLARD.

Gâcheune !

LE GARÇON, se retournant étonné.

Voilà ! voilà ! (Apercevant Dacolard, son regard ébahi se promène de
Dacolard à Roule.)

DACOLARD, au garçon.

Un grog...

LE GARÇON.

Chaud ou froid ?

DACOLARD.

Tempéred, véry tempéred.

LE GARÇON, s'éloignant abruti.

Oh ! il est double.

ÉMERY, bas à Roule, montrant Dacolard.

Est-ce que votre compatriote vient aussi pour le maîtresse
à la parricide Dalissier ?

ROULE.

Jé né savé pas... mais jé informé moi. (Il rejoint Dacolard

6

qui se lève et le salue. Ils se trouvent tous deux debout au milieu du premier plan. Après s'être regardés un instant.)

Good morning, Sir !

DACOLARD.

Good morning, Sir !

ROULE, parlant anglais très-vivement.

I am must happy to have the pleasure of meeting a conntrymann of mine.

DACOLARD, embarrassé.

Oh ! yes !

ROULE.

It is a long time since you have beat Paris ?

DACOLARD.

Yes.

ROULE.

What part of England doyou inhabite, if you please ?

DACOLARD.

Oh ! yes.

ROULE.

Perfectly. Good by, Sir.

DACOLARD.

Good by.

ROULE, à part, s'éloignant.

C'est bien Dacolard ! Je connaissais ton tailleur, mon drôle. (Appelant.) Gacheune ?

LE GARÇON, accourant.

Voilà ! voilà !

ROULE.

Vô avé trompé moâ... jé né voyé pas l'exibitieune.

LE GARÇON.

Mais ce n'est pas ma faute, adressez-vous au comptoir...

ROULE.

Ah ! bien ! jé allé tioute de siouite... (Il sort à droite.)

SCÈNE IV

DACOLARD, LUBIN, ÉMERY.

ÉMERY, continuant d'écrire, assis à gauche, tandis que Dacolard et Lubin assis des deux côtés de la table de droite essaient de se parler sans oser se rejoindre.

« Enfin, Pulchérie, je mets à vos pieds toute ma fortune. » (À part.) Je ne m'avance pas beaucoup, je n'ai plus que trois francs cinquante... (Écrivant.) « A vous pour la vie... Émery Suchapt, fils du banquier de ce nom... » (Il plie la lettre et se lève.) Qu'est-ce qui va remettre ça?... (Il se dirige vers le fond, en entr'ouvre la porte.)

LUBIN, bas et vite à Dacolard de qui il s'est rapproché peu à peu.
C'est Émery Suchapt... ne le laissons pas partir...

DACOLARD, montrant Roule.
Je me méfie de cet Anglais...

LUBIN.
Qu'importe? puisqu'il n'est plus là... Songe qu'il faut avoir fini avec Émery avant l'arrivée de Simonin à qui nous avons donné rendez-vous ici. Nous l'emploierons pour le coup de main, mais il ne doit pas savoir comment nous procédons.
(Voyant qu'Émery se retourne, il s'éloigne vivement de Dacolard.)

ÉMERY, revenant.
Un franc pour remettre ma lettre... je n'ai plus que deux francs cinquante... pour reconduire Pulchérie en voiture...

DACOLARD, le rejoignant au premier plan.
Un mot, if you please, sir...

ÉMERY.
Volontiers... Mais je m'y perds avec vous et votre compatriote. Auquel des deux ai-je l'honneur de parler? Est-ce à l'un ou à l'autre? Est-ce à celui-ci ou à celui-là?

DACOLARD.
Moâ arrivé seconde.

ÉMERY.

Very well... ce n'est pas vous alors qui êtes ici pour vous
procurer le maîtresse à la parricide.

DACOLARD.

Moâ... nô. Je suis ici pour me procurer de l'argent .. et
c'est pourquoi je m'ai adressé à vô...

ÉMERY.

A moi... Ah! elle est bien bonne celle-là. Vous tombez
bien!

DACOLARD.

Vô né comprenez pas moâ. Je adressé à vô pour avoir un
renseignement.

ÉMERY.

A la bonne heure, lequel? Je puis vous donner ça, c'est
dans mes moyens.

DACOLARD.

Vô connaissez monsieur Isaac Robine!

ÉMERY.

Isaac Robin! le juif, l'usurier, la providence des fils de
famille...

DACOLARD.

Oh! yes!

ÉMERY.

Je ne l'ai jamais vu...

DACOLARD.

Ni moi non plus.

ÉMERY.

Mais j'ai beaucoup entendu parler de lui. On m'a dit qu'il
avait quitté la France à la suite de petits démêlés à la cor-
rectionnelle, pour usure.

DACOLARD.

Il est revenu et il passe dans ce café toutes ses soirées.

ÉMERY.

Vraiment?

DACOLARD.

In deed, et jé cherché lui pour emprunter quelques livres

sterling nécessaires à ma retour en Angleterre. Il connaît beaucoup moâ de nom.

ÉMERY.

Mais dites donc... moi aussi il me connaît de nom; je suis le fils d'un des plus riches banquiers de Paris, et s'il pouvait m'avancer, sur ma signature, quelques billets de mille...

DACOLARD.

Pourquoi pas? Si vô donnez à lui des intérêts considérables.

EMERY.

Oh! tout ce qu'il voudra... ce n'est pas moi qui paierai... c'est papa. Mais vô est-il cet homme providentiel... où est-il?

DACOLARD.

Jé né savé pas... jé démandé à vô.

ÉMERY.

Mais s'il vient ici tous les soirs, le garçon le connaît.

DACOLARD.

Joust... très-joust... j'avais pas pensé à cela. (Appelant.) Gâcheune!

ÉMERY.

Garçon!

LE GARÇON, arrivant.

Voilà! voilà!

DACOLARD.

Viens un peu ici, monsieur, s'il vous plaît. Vô connaissez... môsieu Robine...

LE GARÇON, cherchant.

Robine?...

ÉMERY.

Non. Robin...

LE GARÇON.

Très-bien... monsieur... très-bien... je ne connais que lui... C'est ce vieux monsieur à lunettes bleues qui prend là sa bavaroise.

6.

DACOLARD.

Où donc?

LE GARÇON, montrant Lubin.

A cette table!

DACOLARD.

Aho! very well. (Au garçon.) Thank you.

ÉMERY.

Saint-Cloud! (Regardant Lubin.) C'est tout à fait le type, j'aurais dû m'en douter. (A Dacolard.) Eh bien... monsieur, du moment que nous sommes renseignés, passez le premier et faites vos affaires, je viendrai ensuite.

DACOLARD.

Oh! nô! mossieu, nô... commencez... je vô prie.. arrivé toujours... seconde...

ÉMERY.

Je ne le souffrirai pas.

DACOLARD.

Alors... je vô rétarderai seulement une minoute... je vais demander rendez-vous pour demain.

ÉMERY.

Perfectly well... perfectly well!... Je ne parle plus qu'anglais. (S'approchant du poêle pendant que Dacolard a rejoint Lubin à sa table et s'entretient avec lui.) Quelle chance de trouver ici cet Isaac Robin... jamais il ne refusera cinquante louis à Émery Suchapt. (On entend dans le café au fond des cris et des bravos.)

LUBIN, bas à Dacolard.

Fais   guet dans l'autre café; si l'Anglais apparaît, tu rapperas aux carreaux. Lorsque j'aurai terminé avec le fils Suchapt, je sortirai par cette porte. (Il montre la gauche.) Toi tu attendras Simonin et vous me rejoindrez où tu sais, je me charge de cet imbécile.

ÉMERY.

On s'occupe de moi.

DACOLARD.

C'est dit... (Il rejoint Emery et lui frappe sur l'épaule.) Sir...

ÉMERY.

Ah ! c'est vous...

DACOLARD.

Vô povez... (Il montre Lubin.)

ÉMERY.

Merci... Vous avez conclu, paraît-il bien disposé ?

DACOLARD.

Oh ! yes,.. oh ! yes, bonnes dispositiounes... (Il s'éloigne par
la gauche tandis qu'Émery s'approche de Lubin, le salue et s'assied à la
table en face de lui.) All'Rigth... Nô tenons lê pètite gommeux !
Que je suis bête, je me parle anglais à moi-même et je ne le
comprends pas. (Il sort.)

SCÈNE V

ÉMERY, LUBIN.

LUBIN, à Emery.

Certainement, jeune homme, certainement je connais beaucoup votre famille... La signature de monsieur votre père est
une des meilleures de Paris... Qu'y a-t-il pour votre service ?

ÉMERY.

Je me trouve un peu gêné en ce moment et j'ai pensé...

LUBIN,

Que le vieux père Isaac vous avancerait quelque argent...
Erreur... jeune homme, erreur, je suis retiré des affaires...
les temps sont durs, je n'ai pas d'argent... et puis..., quel
usage feriez-vous de la somme empruntée... Vous la dissi-
periez avec des petites dames ! je connais ça !

ÉMERY, se défendant.

Oh ! pouvez-vous croire...

LUBIN.

Oui... oui... J'ai de l'expérience, je connais ça, il ne me
convient pas d'encourager les jeunes gens dans la mauvaise
voie... j'ai toujours respecté les mœurs...

ÉMERY.

Mais moi aussi, monsieur Isaac, moi aussi... mais je ne fais que ça, mes intentions sont pures...

LUBIN.

Est-ce bien vrai ?

ÉMERY.

Certainly. (A part.) Bon ! je parle anglais avec un allemand maintenant. Ce que c'est que l'habitude. (Haut.) Eh bien? mon cher monsieur Isaac?

LUBIN.

Nous verrons, nous verrons; venez me trouver demain rue des Moineaux, numéro 15, un petit pied à terre au cinquième, nous causerons. (Se levant et gagnant le milieu.) Mais en m'occupant de grandes affaires, je ne néglige pas pour cela les petites... J'ai commencé ma carrière par acheter des habits et je continue le métier qui m'a permis de vivoter ; (Se levant.) avez-vous des habits, des chapeaux à vendre ?

ÉMERY, le rejoignant au premier plan.

Je vous apporterai... toute ma garde-robe... Je vous ferai faire même des habits neufs par mon tailleur... c'est pas moi qui le paie ! Seulement je me trouve, par hasard, sans argent aujourd'hui, et si vous aviez pu m'avancer quelques louis...

LUBIN.

Sur quoi, jeune homme, sur quoi?... Vous me dites que vous vous appelez Émery Suchapt, je n'en doute pas, mais soyez chuste... je ne vous connais pas.

ÉMERY.

C'est chuste... il ne me gonnaît bas... allons bon ! voilà que je parle allemand.

LUBIN.

Avez-vous quelque bijou ?... quelque chose sur vous?

ÉMERY.

Je n'ai plus que ma chaîne...

LUBIN.

La chaîne seulement ! la montre est là-bas... n'est-ce pas !.. en pension?... Ah! ces jeunes gens! Que je suis heureux de n'avoir pas de fils... Enfin! voyons cette chaîne, si cela vous oblige...

ÉMERY.

La voici...

LUBIN.

Je vous prêterai dessus... (Soupesant la chaîne.) Ça ne pèse pas gros... trois louis et je vous en retiendrai quatre... Voilà tout ce que je puis faire, et vous savez, c'est pour vous obliger.

ÉMERY.

Je n'en doute pas, monsieur Isaac.

LUBIN.

Pour obliger le fils d'un confrère.

ÉMERY.

Un confrère, il est dur pour papa. Voici la chaîne.

LUBIN.

Et voici... l'argent... Avez-vous dix centimes?

ÉMERY.

Oui. (Les remettant à Lubin.) Pourquoi?

LUBIN, mettant les dix centimes dans sa poche.

Pour le timbre... vous savez... il ne faut pas frustrer l'État... toute quittance au-dessus de dix francs...

ÉMERY.

Mais il n'y a pas de quittance... Alors l'État... c'est donc vous?...

LUBIN.

Oui, c'est moi... (On frappe deux coups au vitrage du café.) Allons, il faut que je regagne mon domicile... il se fait tard... et à mon âge... (Il monte à gauche.)

LE GARÇON, l'arrêtant au fond.

Monsieur Robin, vous avez deux bavaroises.

LUBIN, montrant Émery.

C'est pour le compte de monsieur. (Sortant.) A demain, jeune homme... (du fond à Émery.) N'oubliez pas les habits, les cannes... Les chapeaux... je m'accommode de tout... Au revoir, chêne homme, au revoir. (Il sort à gauche.)

SCÈNE VI

ÉMERY, ROULE, qui vient de la droite, puis TORIN, travesti.

ÉMERY, après avoir accompagné Lubin et se trouvant en face de Roule,
qui vient d'entrer par la droite, et qu'il prend pour Dacolard.

Ah ! Monsieur, que de remerciements, car enfin, grâce à vous, qui m'avez mis en relations avec M. Isaac Robin, j'ai pu terminer cette affaire.

ROULE, profitant de l'erreur que commet Émery.

Very well...

ÉMERY.

J'ai rendez-vous avec lui, demain, comme vous...

ROULE.

Yes, comme moâ... seulement j'ai oblié de demander à lui, son habitétionne.

ÉMERY.

15, rue des Moineaux...

ROULE.

Thank you, sir... Thank you...

ÉMERY.

Mais nous ne ferons pas de grosses affaires ensemble... ce n'est pas un usurier sérieux... c'est un juif de la vieille école, il travaille en petit... il m'a demandé de lui vendre des habits...

ROULE, à part.

Tiens, tiens ! (Haut.) Et vô havez consenti ?

ÉMERY.

C'est un moyen d'entrer en relations... de l'amadouer...

ROULE.

Il ne vous a pas demandé comme à moi des bijoux ?

ÉMERY.

Si !... C'est-à-dire, c'est moi qui lui ai proposé ma chaîne de montre.

ROULE.

Et il l'a emportée ?

ÉMERY.

Oui...

ROULE.

All' right !

ÉMERY.

All' right! Mais je cause, je cause, et Pulchérie a peut-être fini de chanter... (A part.) J'ai de quoi souper maintenant... (Il s'éloigne par le fond.)

ROULE, saluant de la main.

Good by, sir. (Lorsqu'il est sorti, à Torin qui vient d'entrer et qui s'approche.) Eh bien ?

TORIN.

Lubin vient de sortir d'ici, on le file.

ROULE.

Inutile, il ne peut rien faire avant deux jours, et je sais où le retrouver demain. Et Dacolard ?

TORIN.

Il s'est assis dans la grande salle du café, près du comptoir, il doit avoir rendez-vous avec quelqu'un.

ROULE.

Évidemment... avec Laurent Dalissier... Tu ne l'as pas vu ?

TORIN.

Si... il rôde autour du café depuis un instant... il attendait, sans doute, que vous fussiez seul.

ROULE.

Il peut entrer, maintenant. (Torin fait un signe au fond. Laurent paraît et le rejoint. Torin lui désigne Roule et s'éloigne.)

SCÈNE VII

ROULE, LAURENT.

LAURENT, s'avançant vivement vers Roule, et lui tendant la main.

Ah ! Monsieur.

ROULE.

Je ne vous connais pas. Asseyez-vous là, prenez un journal et tournez-moi le dos. (Laurent s'assied à gauche de la table qui est à droite au premier plan. Roule s'assied entre cette table et le poêle, et tenant un journal à la main. Ils sont dos à dos.)

ROULE, bas à Laurent et sans se retourner.

D'abord et avant tout un renseignement. Est-ce que votre père n'a pas autrefois quitté Grenoble sous le nom de Cruzzini ?

LAURENT.

Oui. Pourquoi me demandez-vous cela ?

ROULE.

Pour rien, appelez le garçon, et faites-vous servir.

LAURENT.

Garçon !

LE GARÇON.

Voilà ! voilà !

LAURENT.

Un bock. (Le garçon s'éloigne.)

ROULE, à Laurent.

Eh bien !

LAURENT.

Dacolard et Lubin ont abandonné leur troupe depuis huit jours et sont revenus à Paris avec moi.

ROULE.

Alors pourquoi ne me donnez-vous rendez-vous qu'aujourd'hui ?

LAURENT.

Parce qu'ils ne me perdent pas de vue un instant. Ce soir, seulement, comme ils avaient besoin de se déguiser, je ne sais dans quel but, et qu'ils ne voulaient pas me faire connaître le repaire où ils cachent ce qu'ils appellent leurs instruments de travail, ils m'ont laissé une heure de liberté. J'en ai profité pour vous prévenir.

ROULE.

Ils se méfient donc de vous ? Ils ne vous initient pas à leurs projets ?

LAURENT.

Non... je sais seulement qu'ils préparent un coup important...
et qu'ils comptent m'employer. Mais ils ne se serviront de
moi qu'au dernier moment, lorsqu'il s'agira de l'exécution.
Aussi, ce soir, peut-être m'ont-ils donné rendez-vous pour
m'entraîner ?...

ROULE.

Non, pas ce soir... L'affaire n'est pas encore mûre...
demain peut-être... et soyez tranquille, je ne vous perdrai
de vue ni les uns ni les autres. (Il se lève et va au poêle.
Laurent le suit. Ils se parlent en se tenant de trois quarts. Entrée du
garçon.)

LAURENT.

Ainsi, il faut absolument que je sois leur complice?

ROULE.

Lisez donc votre journal... Absolument... Je vous l'ai
déjà dit... Pour vous réhabiliter, il nous faut des preuves
éclatantes... Au nombre de ces preuves, je mets celle-ci :
Dacolard et Lubin surpris dans l'exécution d'une affaire
comme la vôtre, c'est-à-dire, combinée de même.

LAURENT.

Croyez-vous qu'ils osent recommencer la même chose ?

ROULE.

Parbleu ! Puisque la première leur a réussi. Ils n'ont pas
tant d'idées à leur service et il ne faut compter que relative-
ment sur l'intelligence de ces drôles. Ils appliqueront exacte-
ment le même système que dans votre affaire... et ce
système, je l'ai découvert, en ne les perdant pas de vue
depuis huit jours.

LAURENT.

Quel est-il ?

ROULE.

Je n'ai pas besoin de vous l'expliquer ; vous le verrez
bientôt appliquer... et chez des personnes de votre connaissance.

LAURENT.

Vous dites…

ROULE.

C'est le banquier Suchapt qu'ils se proposent de dévaliser.

LAURENT.

Suchapt !

ROULE.

Oui, Suchapt… C'est chez lui, qu'avant peu, vous serez appelé à opérer.

LAURENT.

Jamais ! (Il descend à gauche.)

ROULE.

Pourquoi ?

LAURENT, revenant à Roule.

Eh ! parce que … c'est épouvantable la vie que je mène depuis un mois ! Toujours en contact avec ces misérables ; tour à tour soupçonné, menacé, ou, ce qui est plus horrible encore, choyé par eux ! Non ! Vous ne vous figurez pas la lassitude et le dégoût que j'éprouve… Je suis à bout de forces et il faut que cela finisse. Ah ! tenez, Monsieur, je vous en conjure, relevez-moi de ma parole.

ROULE.

Trop tard… Si vous vous séparez de ces misérables, ils auront des soupçons et ils ne feront pas le coup… Il faut qu'ils le fassent.

LAURENT, revenant à droite.

Non, non… je ne veux pas… je ne puis plus.

ROULE.

Mais c'est de la lâcheté, monsieur !

LAURENT, accablé.

Soit ! (Il s'assied accablé à la table de droite.)

En ce moment la musique qui se faisait entendre depuis quelque temps dans le café au fond, cesse ; des applaudissements éclatent.

ROULE.

Quel est ce tapage ?… Ah ! oui… ce café chantant… L'é-

toile de l'endroit vient de chanter son grand morceau. (Il regarde dans le café.) Pulchérie... Elle se dirige de ce côté... ils
vont se rencontrer... Eh! bien tant mieux!... (Regardant Laurent.) Ah! tu m'abandonnes! Nous allons bien voir! (Il s'assied
devant la première table.)

(La porte du fond s'ouvre. Pulchérie apparaît en costume de chanteuse,
un plateau à la main. Laurent assis et absorbé ne la voit pas.)

SCÈNE VIII

LAURENT, PULCHÉRIE, ROULE.

PULCHÉRIE, après avoir présenté son plateau aux consommateurs du
fond qui lui donnent une pièce de monnaie et s'éloignent, s'avançant
vers Roule, à gauche.

Pour la chanteuse, je vous prie, monsieur.

ROULE, cherchant de la monnaie dans sa poche et reprenant son type
d'Anglais.

Certainly, certainly. (Lui remettant l'argent dans le plateau et la
regardant.) Beautiful, very beautiful.

PULCHÉRIE, saluant.

Merci, monsieur... (Elle regarde autour d'elle, aperçoit Laurent
le dos tourné et s'avance vers lui ; lui présentant son plateau.) Pour la
chanteuse, s'il vous plaît, monsieur.

LAURENT, se retournant.

Hein! quoi?

PULCHÉRIE, le reconnaissant.

Laurent!

LAURENT.

Pulchérie!

ROULE, allant vivement au fond et parlant à Torin qui se tient près
de la porte.

Ne perds pas de vue Dacolard. (Il sort à droite.)

SCÈNE IX

LAURENT, PULCHÉRIE.

LAURENT, à Pulchérie debout au premier plan sur la droite.

Quel est ce costume sous lequel je te retrouve? Que fais-tu ici?

PULCHÉRIE.

Tu ne le sais pas? Ce n'est donc pas pour moi que tu es venu... Peut-être n'as-tu pas lu le prospectus qui annonce à tout Paris ma nouvelle profession. (Lui tendant un imprimé.) Tiens, lis.

LAURENT, après avoir lu.

Malheureuse!

PULCHÉRIE.

Pourquoi? Où est le mal? Je profite de ta célébrité. J'exploite ton nom... Il faut bien vivre... Tu ne t'es pas occupé de moi, n'est-ce pas, depuis ton procès... Tu ne t'es pas inquiété de ce que j'étais devenue... Je serais morte de désespoir ou de faim que tu ne l'aurais seulement pas su... En revanche, ta première visite en sortant de prison, a été pour mademoiselle Émilienne Suchapt et depuis tu lui as écrit, tu as essayé de la revoir... Tu serais à ses côtés, en ce moment, si sa famille ne t'avait pas chassé... Ah! tu l'aimes!... tes mensonges ne peuvent plus me tromper... la plaidoirie de ton avocat m'a éclairée depuis longtemps... A-t-il assez parlé de l'affection que tu avais au cœur, du pur amour que tu nourrissais pour une chaste jeune fille!... et j'étais là... et j'entendais... et tu ne démentais pas ton défenseur... tu l'approuvais au contraire du regard... Et moi, un instant avant, interrogée par les juges, je te défendais... je jurais ne t'avoir pas reconnu lorsque tu m'as frappée... toi que j'ai vu...

LAURENT.

Quoi!... tu oses encore...

PULCHÉRIE.

Si j'ose ! et qui donc m'en empêcherait ? Penses-tu que
j'aie été dupe de tes jongleries ? Est-ce que je puis te croire ?
moi à qui tu as menti, moi que tu as indignement trompée...
Ah ! je te connais maintenant !... et je me venge... Ah ! monsieur s'étonne que j'affiche son nom ? Est-ce moi qui l'ai sali ce
nom ? Est-ce moi qui l'ai créée, cette célébrité du crime qui
se reflète sur moi ! Ah ! tu me fais rire !... avec ton nom !
(Laurent va s'asseoir devant la première table.) Tu ne veux pas que
je l'affiche ?... Alors défends-moi de sortir ! Dans la rue,
dans cette maison, partout, je rencontre des regards curieux, et j'entends chuchoter : « Tu vois bien cette femme,
c'est la maîtresse à Dalissier, » Est-ce que tu crois que je
n'aurais pas le droit de me plaindre, moi aussi ! Mais non !
je prends la chose comme elle est : On m'a chassée de toutes
les maisons où je travaillais parce que j'avais été ta maîtresse... on me prend dans celle-ci, au contraire, parce que je
l'ai été... et je laisserais échapper une si belle occasion, non !
non, la position est bonne, je m'y tiens... cinquante francs
par jour pendant le premier mois et vingt-cinq francs les
mois suivants... C'est gentil, hein ?... Ah ! si tu avais été
condamné c'était bien autre chose... j'avais le double, mais
je n'ai pas de chance. (Elle descend sur la droite.)

LAURENT, s'élançant sur elle.

Misérable !

PULCHÉRIE.

C'est cela, tue-moi. Tu n'es pas embarrassé pour tuer une
femme. Tu as fait tes preuves.

LAURENT, poussant un cri.

Ah ! malheureuse ! (Il lève les poings sur elle et va l'écraser. Tout
à coup il s'arrête, se recule et s'assied accablé sur le coin de la première
table à gauche.) Qu'ai-je donc fait pour mériter cela !

PULCHÉRIE.

Ce que tu as fait ? Mais tu m'as trahie ! tu m'as abandonnée ! tu en aimes une autre ! (Se rapprochant de lui.) Ah ! tu
crois que l'on peut mettre au cœur d'une fille comme moi

un amour comme celui que tu m'as inspiré pour dire ensuite : « Je ne t'aime plus... j'ai assez de toi... va-t'en... je
passe à d'autres amours... » Oh ! non, non. Certaines femmes
peuvent accepter cela... elles souffrent, mais elles souffrent
en famille, auprès de leurs amis... moi je n'ai personne auprès de qui pleurer. Et ne pouvant me réfugier dans aucune
affection, serrer mon cœur meurtri sur un cœur dévoué... je
renoncerais à me plaindre lorsque je te retrouve, à me venger de toi ! Allons donc ! ah ! pour savoir ce que tu m'as fait
souffrir, il faut savoir à quel point je t'aimais... et, je rou-
gis de le dire, à quel point malgré ton crime, je t'aime encore... Oui, je t'aime encore ! et tu m'as préféré cette Émilienne Suchapt... Elle t'aime aussi, diras-tu... beau mérite ;
elle te croit innocent !... Moi je te sais coupable et je
t'aime !

ROULE, que Torin vient de rejoindre et à qui il a parlé bas, s'approchant vivement de Laurent et l'entraînant à l'écart, pendant qu'on entend
des cris dans le café du fond.

Renoncez-vous toujours à prouver votre innocence, à venger votre mère ?

LAURENT.

Non, non... je poursuivrai ma tâche... j'atteindrai mon
but.

ROULE.

Alors, rejoignez Dacolard, il ne faut pas qu'il vous trouve
avec cette femme... Si elle disait votre nom devant lui...
tout serait perdu.

LAURENT.

Oui, oui, j'obéis... (Il remonte vivement à droite.)

PULCHÉRIE, lui barrant le passage.

Où vas-tu ?

LAURENT.

Laisse-moi ! Laisse-moi !

PULCHÉRIE.

Je ne veux pas que tu me quittes. Si tu pars, j'appelle ces
gens et je leur jette ton nom.

ROULE, à part.

Tonnerre! (Courant à gauche et parlant à des agents.) Contenez-la, enlevez-la s'il le faut.

TORIN.

Voici Dacolard.

ROULE.

Bon! je m'en charge. (Gagnant la droite au second plan et criant.) Au voleur! au voleur!

SCÈNE X

LES MÊMES, DACOLARD, PUBLIC, AGENTS.

DACOLARD, entrant vivement à droite, et à part.

Qu'y a-t-il? (Regardant autour de lui.) Diable! ça sent la rousse! (Voulant fuir par le fond et se trouvant en face de Torin qu'il reconnaît.) Torin!... (Il cherche des yeux une sortie. Roule court à lui, il croit qu'on va l'arrêter.)

ROULE.

Qu'avez-vô, vô êtes mon compatriote. Je demande à vô aide et protectionne. On véné de vôler moâ.

DACOLARD, se remettant.

Aoh! Qui a volé vô?..

ROULE, montrant Laurent.

Ce gentleman.

DACOLARD, à part.

Simonin! Et moi qui le soupçonnait! (Haut à Roule.) Il faut acrêter lui. Vô avé raisonne. (Ils se trouvent tous les deux à droite au premier plan.

TORIN, s'arangant vers Roule.

Vous accusez monsieur de vous avoir volé?

ROULE.

Yes. Mon porte-monnaie. J'avais dix banknotes...

TORIN, s'avançant vers Laurent qui est à gauche et après l'avoir regardé.

Je ne me trompe pas. Tu es le complice de Patine, tu es Paul Simonin.

PULCHÉRIE, s'échappant des mains des agents et s'élançant au milieu.

Lui ! mais...

ROULE, bas l'arrêtant.

Silence...

TORIN, à ses agents montrant Laurent.

Arrêtez cet homme.

DACOLARD, à part.

Pauvre Simonin... c'est lui qui étrenne... personne ne s'occupe de moi, filons. (Il s'éloigne par le fond.)

ROULE, à Pulchérie au milieu devant le poêle.

Vous, restez.

PULCHÉRIE.

Que me voulez-vous ?... Qui êtes-vous ?...

ROULE.

Je suis inspecteur de police, je vous arrête.

PULCHÉRIE.

Pourquoi ?

ROULE.

Je poursuis une œuvre de réhabilitation ; je veux prouver l'innocence de Laurent Dalissier. Vous entravez mes desseins.

PULCHÉRIE, très-étonnée.

L'innocence de Laurent Dalissier !... Vous y croyez, vous ?

ROULE.

J'en suis convaincu... et avant deux jours, je l'aurai prouvée à tous.

PULCHÉRIE, passe à droite.

Il est innocent !... Alors il reprendra sa place dans le monde... il l'épousera... je ne puis l'empêcher. (Bas à Roule et comme égarée.) Oh !... vous n'avez pas besoin de m'arrêter... je ne vous gênerai plus... Je ne gênerai plus personne en ce monde.

VOIX, au fond à droite.

Pulchérie ! Pulchérie !

PULCHÉRIE.

Voilà, voilà.

ROULE.

Où allez-vous ?

PULCHÉRIE.

Je vais chanter, monsieur, je vais chanter.

VOIX.

Pulchérie! Pulchérie!

PULCHÉRIE, s'éloignant à droite.

Je vais chanter, je vais chanter. (Roule la regarde avec tristesse.)

(Le rideau tombe au milieu des cris et des bravos des consommateurs du café chantant qui voient entrer Pulchérie.)

———

ACTE CINQUIÈME

Septième Tableau

La scène représente le cabinet de travail du banquier Suchapt dans son
hôtel. Luxe d'ameublement. — Sur la gauche, au premier plan, un bureau.
A droite, premier plan, une cheminée et un canapé. — A gauche au fond
(en pan coupé autant que possible) porte conduisant dans les apparte-
ments particuliers de la famille Suchapt. A gauche au second plan, porte
conduisant dans la chambre d'Émery Suchapt. A gauche au second
plan, faisant face à la porte précédente, et en pan coupé, la porte
d'entrée. — Au fond, au milieu, une grande croisée donnant sur un
balcon. A droite de la croisée au fond une grande caisse de maison de
commerce.

SCÈNE PREMIÈRE

DACOLARD, LUBIN.

(Au lever du rideau, l'obscurité est complète sur la scène. — La croisée
du fond est ouverte. — Dacolard est sur le balcon et aide Lubin à enjamber
la balustrade.

DACOLARD, une lanterne sourde à la main.

Y es-tu ! allons, monte donc, feignant.

LUBIN, apparaissant.

J'ai eu peur... C'te lune...

DACOLARD.

Laisse-la filer. (Ils entrent vivement en scène, referment la croisée
et tirent les rideaux.)

LUBIN.

Eh bien ! nous sommes dans l'hôtel Suchapt. Personne ne
peut nous déranger.

DACOLARD.

Oui, mais on n'y voit goutte... cette lanterne n'éclaire pas
et ça va nous déranger pour notre travail.

LUBIN.

Eh ! ben ! te voilà embarrassé... Qu'est-ce qui t'empêche

d'allumer les bougies? Les persiennes et les rideaux sont
fermés. On ne peut pas se douter qu'il y a du monde ici...

DACOLARD.

T'as raison ! (Il se dirige vers la cheminée et tire des allumettes de
sa poche.)

LUBIN, s'asseyant à gauche près du bureau pendant que Dacolard
allume deux bougies.

Bons fauteuils !... c'est moëlleux ! Faudra que je demande
à Suchapt, la première fois que je le verrai, où il se fait capi-
tonner.

DACOLARD, le rejoignant.

T'es assis maintenant... Allons, voyons, dépêchons-nous.

LUBIN.

Nous dépêcher, et pourquoi ? N'avons-nous pas toute la
nuit devant nous? Qu'est-ce qui peut nous déranger? Ce
pavillon est entièrement consacré aux bureaux : personne
n'y vient la nuit; la famille Suchapt occupe un autre corps
de logis... Seul le fils de la maison, Émery, a sa chambre,
là, de ce côté. Mais nous venons de le voir entrer à la maison
Dorée, où il va manger l'argent que je lui ai prêté... On
ne peut pas nous voir, on ne peut pas nous entendre, rien
ne nous presse.

DACOLARD.

Allons, assez... assez, je suis pressé de jeter un coup d'œil
dans la caisse et de mettre la braise dans ma poche. (Il montre
sa poche.)

LUBIN, toujours assis, un tabouret sous ses pieds.

Je comprends tes désirs, mon cher Dacolard, et je suis
prêt à les satisfaire, mais n'oublions pas que nous avons ici
deux petites missions délicates à remplir : la première,
celle de vider la caisse.

DACOLARD.

Allons-y.

LUBIN.

La seconde, de faire croire à la rousse que c'est d'autres
que nous qui l'ont vidée; pour cela il faut appliquer mon
système.

DACOLARD.

Connu !... Mais la caisse d'abord. (Montrant la caisse du fond.) C'est donc là qu'est le magot ?

LUBIN.

Oui.

DACOLARD.

Alors, attaquons. Fais voir les outils.

LUBIN, se dirigeant vers le fond.

Mes outils... pour qui me prends-tu ?... (frappant son front.) C'est là qu'ils sont mes outils. (Arrivé devant la caisse.) Est-ce que tu crois que les fausses clefs mordent sur une serrure Fichet ? Faut connaître le secret, mon bonhomme ; c'est une question d'intelligence, ça me regarde.

DACOLARD, à droite de la caisse, levant les épaules.

En fait-il de l'épate, ce coquin-là !

LUBIN, à gauche de la caisse et maniant la serrure.

Ainsi tu crois que pendant huit jours, j'ai fait la partie de dominos de Roquin, le caissier de Suchapt, seulement pour apprendre de lui, qu'il y avait trois cent mille balles en caisse.

DACOLARD, courant à la caisse et l'étreignant.

Madame, je vous la souhaite bonne et heureuse.

LUBIN, continuant.

Allons donc, j'ai appris le secret. (Ouvrant vivement la caisse.) Tiens, regarde.

DACOLARD, repousse Lubin et se place près de la caisse.

Ah ! voyons.

LUBIN.

C'est le seul compliment que tu me fais... (A part.) Mettez donc tout votre esprit au service des brutes !

DACOLARD, qui fouille dans la caisse.

Ils y sont !... Ils y sont ! Trois paquets de cent mille divisés en paquets de dix mille.

LUBIN.

Partageons en frères. Ne cache rien dans tes poches.

DACOLARD.

Tu me prends donc pour un voleur ! Tiens, voilà ta moitié.

LUBIN, à part.

Comme si je n'avais pas mérité les deux tiers... Ah! la collaboration!... A l'avenir je travaillerai seul. (A Dacolard, toujours plongé dans la caisse.) Il n'y a plus rien, laisse ça.

DACOLARD.

Mais si, il y a encore quelques billets de cent...

LUBIN.

Prends toujours... Ça sert à vivre, le reste nous le placerons en viager.

DACOLARD, qui a jeté un dernier coup d'œil dans la caisse.

C'est tout...

LUBIN, à part.

Pour toi, oui.

DACOLARD, rejoignant Lubin à gauche, au premier plan.

Eh! ben! tu vois qu'on pouvait se passer de Simonin... Notre part est plus grosse et c'est heureux pour nous qu'il ait été emballé hier.

LUBIN.

Ça ne fait rien, il n'a pas de chance, un si brave garçon que nous avons soupçonné.

DACOLARD.

Tu t'attendriras plus tard. Maintenant, filons.

LUBIN.

Filer! et mon système... Tiens, prends la bougie... et opère. (Dacolard obéit, Lubin le suit, pendant ce jeu de scène.) Pars de la caisse... Fais couler de la bougie sur le tapis... C'est ça... dirige-toi vers cette porte... (Il montre la chambre d'Émery au second plan, à gauche.) Parfait... Prends ce paquet. (Il lui remet un paquet assez gros pour pouvoir contenir un habit et qu'il a déposé en entrant sur le bureau.) Ouvre, suis le couloir. Entre dans la troisième chambre, à gauche... et n'oublie pas mes instructions. (Dacolard a exécuté ce jeu de scène et a disparu par la porte à gauche.)

SCÈNE II

LUBIN, dès que Dacolard a disparu, se dirigeant vers la caisse.

Il ne peut plus me voir... Au tour des diamants, maintenant... Il a passé à côté du secret, sans se douter... Ah! ces hommes d'action, quelle pitié !... Les voici !... Maintenant les autres petits détails, et fermons. (Après avoir disposé différentes choses dans la caisse, il la ferme et remonte la scène, un petit écrin à la main. Frappant sur l'écrin qu'il met ensuite dans sa poche.) Avec ça, je rétablis l'équilibre.

SCÈNE III

DACOLARD, LUBIN.

DACOLARD, rentrant à gauche.

Voilà qui est fini. Il n'y a que des tableaux, je préfère l'argenterie.

LUBIN, à droite.

Il me semble avoir entendu du bruit. (Il souffle les bougies et écoute à la porte de droite tandis que Dacolard éteint son bougeoir et prend sa lanterne sourde.)

DACOLARD, courant aussi à la porte.

Oui, on monte l'escalier... (Tirant un poignard de sa poche.) Le premier qui paraît...

LUBIN, l'entraînant vers le balcon.

Mais non, mais non... ça n'entre pas dans mon plan cette fois, c'est pas combiné pour ça, nous nous ferions pincer : Viens donc, nous avons le temps de filer...

DACOLARD.

Vite alors, vite. (Ils s'élancent sur le balcon, referment la croisée et les persiennes derrière eux, ils disparaissent. Le théâtre reste désert un instant, puis la porte de droite s'ouvre, M. Thurier entre suivi de son secrétaire et de domestiques qui portent de la lumière.)

SCÈNE IV

M. THURIER, SON SECRÉTAIRE, DOMESTIQUES.

THURIER, entrant, aux domestiques.

Nous sommes bien dans le cabinet de monsieur Suchapt ?

UN DOMESTIQUE.

Oui, monsieur.

THURIER, après avoir regardé autour de lui.

On n'a donc pas prévenu monsieur Suchapt qu'il tarde tant à venir.

LE DOMESTIQUE.

Voici monsieur.

SCÈNE V

Les Mêmes, SUCHAPT.

SUCHAPT, à monsieur Thurier.

Monsieur, on me dit que vous êtes commissaire de police, je me rends à votre appel. Mais qu'est-il donc arrivé, je ne comprends pas...

LE COMMISSAIRE.

Vous allez comprendre. Ouvrez votre caisse, monsieur !

SUCHAPT.

Mais pourquoi ?

THURIER.

Ouvrez, j'ai de graves raisons pour agir comme je le fais.

SUCHAPT, qui a ouvert la caisse.

Ah ! mon Dieu ! (Toujours près de la caisse.) Rien ! plus rien ! J'avais un paiement important à faire ce matin et plus de 300,000 francs. Et les diamants de ma femme!.. (Il cherche dans la caisse.) Volés, volés aussi !

THURIER.

Oui, monsieur, volés.

SUCHAPT, descendant.

Mais comment savez-vous, monsieur?

THURIER.

Je viens de recevoir de la préfecture l'avis de me rendre dans cette maison où un vol avait été commis, je ne sais rien de plus. (Entraînant Suchapt à droite au premier plan.) Vous êtes bien sûr de votre caissier?

SUCHAPT.

Mon caissier! Mais, monsieur, il y a quarante ans qu'il est dans la maison Suchapt... C'est un honnête homme ! J'en réponds comme de moi-même.

THURIER, amenant Suchapt devant la caisse et l'examinant
avec lui.

Cependant, il n'y a aucune trace d'effraction... la personne
qui a ouvert votre caisse en connaissait le secret. C'est
étrange !

M. Thurier examine avec soin diverses choses, ouvre de nouveau la caisse,
se baisse, regarde le parquet et s'éloigne par la porte de gauche avec
son secrétaire qui l'éclaire.)

SCÈNE VI

SUCHAPT, ÉMERY, MADAME SUCHAPT.

ÉMERY, entrant à droite.

Que se passe-t-il donc ? J'ai vu de la lumière...

SUCHAPT, sr retournant.

Ah! tu rentres à cette heure-ci toi, mais tu ne sais donc
pas ce qui se passe !

ÉMERY.

Je ne m'en doute pas,

SUCHAPT, rejoignant Émery.

Des voleurs se sont introduits... ici

MADAME SUCHAPT.

Et ils nous ont entièrement dévalisés.

ÉMERY.

Ah ! ah! des voleurs, vraiment, c'est drôle !... nous allons nous amuser. (Il remonte au fond.)

SCÈNE VII

LES MÊMES, THURIER, SON SECRÉTAIRE.

THURIER, venant de gauche et allant à Suchapt.

Les renseignements de vos gens sont exacts, n'est-ce pas,
monsieur ; la troisième chambre à gauche dans le corridor
est bien celle de votre fils ?

SUCHAPT.

Oui, monsieur, oui.

M. THURIER.

Où est ce jeune homme ?

SUCHAPT.

Le voici. (Appelant.) Émery !

THURIER, à Émery qui s'est approché.

Vous ne vous êtes pas encore couché, votre lit n'est pas défait. (Suchapt à droite, Thurier au milieu, Émery à gauche.)

ÉMERY, s'avançant et saluant.

Je ne me couche jamais avant l'aurore... jamais.

THURIER.

Reconnaissez-vous cette chaîne de montre ?

ÉMERY.

Hein !... cette chaîne... oui... je la reconnais, c'est la mienne... Comment est-elle entre vos mains et pourquoi est-elle cassée ?

THURIER.

J'en ai trouvé un morceau dans votre chambre et l'autre morceau, là devant la caisse... elle se sera brisée à la suite de quelque effort.

ÉMERY.

Un effort... je ne fais jamais d'effort.

THURIER.

Même pour r'avoir votre habit lorsqu'il se trouve engagé dans quelque porte que vous avez trop précipitamment fermée ?

ÉMERY.

Mon habit, je ne comprends pas.

THURIER.

Tenez, voici un morceau de drap trouvé dans la caisse de votre père et s'adaptant à merveille à un habit déchiré que vous avez caché sous votre matelas...

ÉMERY.

Moi, j'ai caché un habit sous mon matelas... Elle est bonne celle-là, je ne suis pas allé dans ma chambre.

THURIER.

Vraiment... Et ces traces de bougie... qui partent de la caisse et qui vont jusqu'à votre lit... comment les expliquez-vous ?

ÉMERY, qui est remonté pour regarder, redescendant.

Je ne les explique pas.

SUCHAPT, à Thurier.

Comment, monsieur, supposeriez-vous?...

THURIER.

Hélas! oui, monsieur, je suis obligé de vous dire la vérité toute pénible qu'elle soit... Le vol dont vous avez été victime a été commis par votre fils.

ÉMERY.

Par moi... Ah! elle est bien bonne, celle-là... J'ai pris les 300,000 fr. de papa et les diamants de belle-maman... Pourquoi ne m'accuse-t-on pas aussi d'avoir dérobé l'obélisque? En cherchant bien, on le trouverait peut-être dans ma chambre sous mon matelas.

THURIER.

Je vous conseille, monsieur, de prendre une autre attitude et de ne pas aggraver votre situation. Pour moi votre crime est flagrant... (Montrant Roule qui entre à gauche.) et voici monsieur le chef de la sûreté... il sera certainement de mon avis. (Il rejoint Roule, lui parle bas et l'amène vers le bureau à gauche.)

SCÈNE VIII

Les Mêmes, ROULE.

SUCHAPT, bas à Emery qui l'entraîne à droite près de la cheminée.

Si tu es vraiment coupable, malheureux enfant, avoue, j'arrêterai l'affaire...

ÉMERY.

Oui, mais si j'avoue, papa, vous me donnerez les 300,000 francs, et les diamants de belle-maman. Je ne puis pas avoir la honte sans avoir le bénéfice, ce ne serait pas juste.

ROULE, à Thurier.

Oui, le crime d'Emery Suchapt est aussi évident que l'a été autrefois celui de Laurent Dalissier.

THURIER.

N'est-ce pas?

ÉMERY.

Bon! je suis un parricide maintenant.

ROULE.

Aussi aurais-je mauvaise grâce à vous reprocher, monsieur le commissaire, de commettre une erreur dans laquelle je suis moi-même tombé, il y a un an.

THURIER.

Une erreur ?...

ROULE.

Oui, une erreur... car ce jeune homme, (Il montre Émery.) malgré toutes les preuves qui l'accablent est aussi innocent que vous et moi du crime qu'on lui impute.

ÉMERY.

Tu entends, papa, tu entends ! Je suis un innocent persécuté.

SUCHAPT.

Mais qui nous a volés ?

ROULE.

Ces hommes ! (Il montre Dacolard et Lubin qui paraissent au fond à droite conduits par des agents.)

SCÈNE IX

LES MÊMES, DACOLARD, LUBIN, AGENTS DE POLICE.

ÉMERY, lorgnant Dacolard et Lubin.

Bonnes têtes, du chic !

ROULE.

Avancez, mes drôles. (Désignant Lubin.) Monsieur le commissaire, cet homme s'appelle Louis Caignon, dit Lubin, dit Ficelle, dit Londorier; il a subi plus de douze condamnations, et il est depuis deux ans en rupture de ban.

LUBIN.

C'est inexact. Il y a erreur.

DACOLARD, bas à Lubin.

Tais-toi donc, c'est Roule. Est-ce qu'il ne te connaît pas ?
(Émery, Suchapt à droite près de la cheminée. Au premier plan et au milieu Lubin et Dacolard, se tenant pressés l'un contre l'autre, comme s'ils étaient liés ensemble; debout à droite du bureau, Roule ; de l'autre côté du bureau ; le commissaire assis près de lui, au bout de la table, son secrétaire qui écrit; au fond agents de police.)

ROULE, *montrant Dacolard.*

Son compagnon s'appelle Jacques Dacolard... Impossible de vous énumérer ses différents noms... ni ses diverses carrières... A son casier judiciaire, dix condamnations ; la dernière, aux travaux forcés à perpétuité. (*Allant au fond et montrant la maison voisine.*) Ces misérables viennent d'être arrêtés dans le jardin de l'hôtel Suchapt. On a retrouvé sur eux les 300,000 francs et les diamants volés.

DACOLARD, *à Lubin.*

Des diamants ! Il y avait des diamants dans la caisse et t'as pas partagé ?

LUBIN.

C'était pour ne pas te charger.

DACOLARD.

Ah ! il ne te suffit pas de nous faire empoigner, il faut encore que tu me voles !

LUBIN.

Tais-toi ! Tais-toi, on nous entend.

DACOLARD.

On peut nous entendre, qu'ai-je à craindre ? Condamné ou non, on ne m'en enverra pas moins au bagne, puisque je suis en rupture de ban... Continue à nier toi, qui, de nous deux, représente l'intelligence ; comme tu dis, toi qu'es la tête, moi je suis le bras, le bras est pris, je me rends... Ah ! t'as voulu les diamants pour toi seul, eh ben ! tire-t'en comme tu pourras, moi j'avoue, ça facilitera l'instruction et je retournerai plus vite à Toulon, ou à Cayenne ; j'ai des amis partout.

ÉMERY, *à part.*

Ça prouve en sa faveur.

ROULE, *à Dacolard.*

Je ne te conseille pas de compter plus sur Cayenne que sur Toulon.

DACOLARD.

Et la loi ! Je vous défie bien de l'éluder, monsieur Roule.

ROULE.

Je m'en garderai bien, puisqu'elle permettra de prononcer contre vous deux la peine de mort.

LUBIN, tressaillant.

La peine de mort !

DACOLARD.

Pour avoir forcé une caisse... J'en ai pour vingt ans au plus, c'est le maximum.

ÉMERY, à part.

Il connaît son code, il a fait son droit.

ROULE.

Pour le crime d'aujourd'hui, je suis de ton avis ; mais pour avoir, l'année dernière, à Batignolles, assassiné madame Dalissier, et frappé de deux coups de couteau cette malheureuse Pulchérie qui s'est tuée hier...

LUBIN, vivement.

C'est faux, c'est pas nous.

ROULE.

Ah ! tu retrouves la parole pour défendre ta tête, toi.

DACOLARD.

Qu'est-ce qui nous accuse ?

ROULE.

Le fils de la victime... Laurent Dalissier... Le voici. (Laurent paraît et descend au milieu conduit par Roule qui est allé au devant de lui.)

SCÈNE X

LES MÊMES, LAURENT puis MADAME SUCHAPT et ÉMILIENNE.

DACOLARD, reconnaissant Laurent.

Simonin ! c'était lui !

LUBIN.

Simonin ! flambés ! (Il reste accablé ; Laurent passe à gauche près du commissaire Thurier.)

THURIER, à Roule, avec qui il causait bas.

Je vois, mais je ne comprends pas encore...

ROULE, toujours à droite de la table et jusqu'au milieu de la scène.

Ces misérables ont un système qu'on pourrait appeler le

dérivatif. Avant de commettre un crime, ils le préparent : ils étudient avec un soin minutieux les localités, les personnes, les habitudes de ceux qu'ils ont résolu de voler ou de tuer. Ils se disent : toi, tu es le serviteur, l'ami, le parent, le fils de la maison ; je te choisis pour être le coupable. C'est sur toi que nous entasserons toutes les preuves du crime que nous allons commettre. Cette chaîne de montre, cet habit caché sous les matelas et dont un morceau a été retrouvé dans la caisse, ont été vendus ces jours-ci, devant moi, par Émery Suchapt, à un juif nommé Isaac Robin qui n'est autre qui Lubin.

ÉMERY, à part.

Lui ! lui ! Ah ! quel talent ! Quel artiste !

ROULE.

Eh ! bien ! tout ce qu'ils ont fait ici, ils l'ont fait, il y a un an, dans l'affaire de la rue Cardinet... Ils ont entassé contre ce pauvre garçon. (Il montre Laurent.) le fils de leur victime, tant de preuves matérielles, que moi-même j'y ai été pris, comme nous l'avons été tout à l'heure... Le vol d'aujourd'hui jette un jour nouveau sur l'assassinat d'autrefois, car ils ont apposé sur chacun de ces crimes, la même empreinte, le même cachet.

DACOLARD, qui parlait avec Lubin, continuant à voix basse.

Tu vois ben... tu ne trouves rien... tu ne peux pas nous tirer de là... Eh ! ben ! changeons de rôle... T'es la brute, maintenant, moi, l'autre, et tu vas voir. (Haut, comme s'il se disputait avec Lubin.) Tu sais bien que je ne l'ai pas tuée pour la voler... tu devrais le dire au moins. . Tu préfères tout nier... Es-tu assez simple, puisqu'on a dix fois plus de preuves qu'il n'en faut. Il vaut mieux encore avouer, comme tout à l'heure, mais rétablir les faits. (Il se dégage des liens qui le retiennent à Lubin, et s'élance au milieu ; les agents veulent s'emparer de lui, Roule fait un signe et on le laisse libre. A Roule et au commissaire. Les mêmes places sont gardées par chacun des personnages, seulement, Dacolard tient le milieu et est seul.) Oui, c'est nous qu'avons monté, l'année dernière, le coup de la rue Cardinet... ou plutôt il faut rendre justice à chacun ; c'était Lubin

qu'avait tout conduit... Il avait auparavant volé le poignard
du jeune homme, ses boutons de manchettes, ses chaussures
pour les empreintes de pas dans le jardin. Il s'était habillé
comme lui, pour donner le change. Moi, je ne savais pas où
j'allais... On m'avait parlé de dix mille francs à prendre chez
une bonne dame à qui l'on n'aurait pas à faire de mal... Nous
entrons dans sa chambre, Lubin court au secrétaire... moi,
je cours à la maîtresse de la maison, pour lui dire que sa vie
n'est pas en danger. Alors, elle me regarde, et m'appelle
par mon nom ! mon vrai, celui-là, celui que la police n'a
jamais su... Je me baisse, je la regarde et je la reconnais...
C'était ma femme !

LAURENT, qui veut se précipiter sur Dacolard.

Que dit-il ? Ah ! l'infâme !...

ROULE, le retenant.

Du calme. (Laurent reste près de Roule, qui lui tient les mains.)

DACOLARD.

Oui, ma femme, car avant de m'appeler Dacolard, j'avais
habité l'Italie, et je m'étais appelé Antonio Cruzzini. Et
avant de m'appeler Cruzzini, je me nommais Joseph Dalissier... (Laurent fait un geste.)

ROULE, à Laurent.

Laissez-le. (A Dacolard.) Continuez.

DACOLARD.

Je me retrouvais, au bout de vingt années, en présence de
celle qui avait été cause de tous mes malheurs. Oui, si elle
m'avait autrefois donné l'argent que je lui demandais, je
n'aurais pas commis ma première faute, je n'aurais pas été
obligé de fuir la France. Si, plus tard, elle m'avait pardonné,
elle m'avait secouru lorsque je lui ai écrit, je ne serais pas
devenu ce que je suis... Cependant... je la regardais... sans
lui faire de reproches... J'étais comme attendri,.. Mais elle,
elle se mit à me reprocher mon passé, ma honte, à m'acca-
bler d'injures... Elle ne s'interrompait que pour crier : « Au
voleur ! à l'assassin ! au secours ! » Alors, je perdis la tête,
je vis rouge... je frappai... et je pris la fuite. Laurent

Dalissier a été accusé du crime : j'ai suivi son procès, s'il avait été condamné... je me serais dénoncé... mais il a été acquitté et j'ai pu me taire... Voilà ce qui s'est passé, voilà ce que vous pouvez écrire, voilà ce que je dirai aux jurés (Madame Suchapt et Émilienne paraissent au fond à gauche.)

ROULE, à Dacolard, faisant un pas vers lui au milieu de la scène.

Oh! tu viens de plaider habilement les circonstances atténuantes. La préméditation est écartée, le jury te renvoie au bagne et tu sauves ta tête.

DACOLARD.

Je l'espère.

ROULE, avec énergie.

Tu n'es pas Dalissier. Dalissier est mort il y a vingt ans dans un hôpital de Turin. Tu étais son voisin de lit, tu as volé ses papiers et son nom. (Tirant les papiers de sa poche et les remettant sur le bureau du commissaire.) Voici l'acte de décès de Joseph Dalissier. J'avais deviné la dernière comédie que tu nous jouerais. De tout ce que tu nous as dit, il ne reste plus qu'une chose ; tes aveux. (Madame Suchapt, Émilienne, Émery et Suchapt au fond, entourent Laurent, qui depuis un instant a gagné le fond.)

ÉMILIENNE, bas à Laurent.

Vous avez tenu votre parole, je tiendrai la mienne.

LAURENT.

Oh! Merci, merci! (Rejoignant Roule dont il serre affectueusement la main.) Oh! Monsieur.

ROULE.

Vous n'avez pas à me remercier. Je vous avais faussement accusé, j'ai fait mon devoir. (Montrant Dacolard et Labin.) Ici j'ai fait mon métier.

FIN

Poissy. — Typ. S. Lejay et Cie.

www.ingramcontent.com/pod-product-compliance
Lightning Source LLC
LaVergne TN
LVHW052031060726
842528LV00002B/703